November 1918.
Vorwärts
Berliner Volksblatt.
Zentralorgan der sozialdemokratischen Partei Deutschlands.
Arbeiter, Soldaten, Mitbürger!
Der freie Volksstaat ist da!
Kaiser und Kronprinz haben abgedankt!
UNGSNOT
d(be)setzungen
NSTRATION
80 Oranienplatz 17.00 Uhr
Paris
THE AMERICAN SECTOR
ВЫ ВЫЕЗЖАЕТЕ ИЗ
АМЕРИКАНСКОЙ ЗОНЫ
VOUS SORTEZ
DU SECTEUR AMÉRICAIN
SIE VERLASSEN DEN AMERIKANISCHEN SEKTOR
Berlin, Sektorengrenze, Friedrich- Ecke Zimmerstraße
22000 Mk Miete
ist unerschwinglich deshalb
TOTAL-AUFLÖSUNGS-AUSVERKAUF!!
Wir akzeptieren jedes nur mögliche Angebot!!
haben keine Gültigkeit mehr.
Haben Sie schon die passende Kette zu Ihrem Kleid?
TOTAL-AUFLÖSUNGS-AUSVERKAUF
Monatsration
Salz 400 gr / Bohnen-Kaffee 25 gr / Kaffe
echter Tee 20 gr
Name:
Vorname:
Wohnort:
Straße:
Bohnen-Kaffee 25 gr
Kaffee-Ersatz 100 gr
Bei Verlust der Kar
Salz
AUSWEIS № 08556
für die Mitwirkenden am Festspiel
OLYMPISCHE JUGEND
1. AUGUST 1936, 21.00 Uhr
Generalprobe
30. JULI 1936, 21.00 Uhr
Proben zum Festspiel
Ursula Korn
15. Juni 1936
NEW YORK
TOKYO
BERLIN
1989-2009

IN EINEM ALTEN HAUS IN BERLIN

Ein Streifzug durch 150 Jahre deutsche Geschichte

Erzählt von Kathrin Wolf
Bilder von Isabel Kreitz

GERSTENBERG

Ernst Adler
1845–1926
10 13
Helene Adler
1850–1932
10 13
Olga Adler
1885–1959
11 13
Heinz Adler
1877–1958
12
10 13 16 31
Erna Adler
1912–1980
31 32 34
Johannes Adler
1914–1942
11 13
23 27 28 33 34 40
Otto Richter
1900–1973
Martha Richt
geb. Schwa
1903–19
Rolf Adler
1935–2017
31 32 35 40
Ingeborg Richter
* 1928
35 40 41 42 46 48 49 52 60 61
Hans Richter
1926–2020
23 24 26 28 35 40 43 44 48 52 59
Angelika Richter
* 1949
39 40 61
Thomas Richter
* 1958
41 46 48 49 50 52 56 61
38 41 42 44 47 48 55 57 61
Thorsten Schulze
* 1968
61
Nicole Nowak
* 1971
51 53 55 58 59 61
Laura Schulze
* 1995
61 60 59 58
41 = Zahl der Seite, auf der die Person vorkommt

Paul Schwartz 1828–1892
Elisabeth Schwartz 1839–1922
7 8 11
7 8 16
rtha Schwartz
. Adler
30–1967
Karl Schwartz 1864–1957
4 7 11 12 15 16 17 21 26 28
6 8 9 12
Heinrich Schwartz 1874–1961
10 11 13 14 16 20 21 23 34 37
10 13 17 21
Friedrich Schwartz 1905–1993
Anna Schneider geb. Schwartz 1911–1997
Helmut Schneider 1909–1960
34 33 31 10 17 19 20 21
Peter Schneider 1940–2020
31 33 35 36 37
Ursula Washington geb. Richter * 1929
23 30 26 31 27 33 37 28 34 60
23 27 33
Günther Richter 1921–1943
Pamela Washington * 1948
60
onika Nowak
eb. Richter
1951
Klaus Nowak * 1946
47 54 57 61
Claudia Nowak * 1976
Cem Yilmaz * 1970
54 55 61
60
Ben Nowak * 2011
60
PAPA

Karl Schwartz
7 Jahre

1. April 1871

Hoppla! Beinahe hätte der große Mann mit der Umzugskiste unser Dienstmädchen Hertha umgerannt. Heute ist Ziehtag, und ganz Berlin scheint umzuziehen. Oder zieht die ganze Welt nach Berlin? Papa meint, dass jetzt viele Menschen in der Hauptstadt des Deutschen Reiches wohnen wollen.

Das Haus mit der Apotheke hat mein Papa bauen lassen. Jetzt ist er nicht nur Apotheker, sondern auch Vermieter, hat er beim Frühstück stolz gesagt. Wir ziehen in die Beletage. Ich hatte keine Ahnung, was das genau bedeutet, aber Papa hat es mir erklärt: So nennt man das schönste Geschoss in einem Haus. Mama schwärmt schon seit Wochen von den hohen Decken, dem Badezimmer und der Toilette mit

Wasseranschluss. Den Nachtstuhl haben wir den Nachbarn geschenkt, wir brauchen ihn jetzt nicht mehr. Die haben sich gefreut. Zwar gibt es für Papas Mieter Toiletten im Treppenhaus, aber so ist für die kleinen Kinder und den kranken Opa nachts der Weg nicht so weit.

Groß ist die Wohnung. Und sogar ein wenig Gold ist an den Stuckdecken. Gemütlich ist es aber noch nicht. Überall stapeln sich Kisten, Körbe, Koffer und Taschen, und auch die Möbel stehen überall herum. Und die Möbelpacker holen noch immer eine Kiste nach der anderen vom Pferde-Möbelwagen. Meine Spielsachen habe ich selbst eingepackt. Nur das Zoo-Quartett habe ich mir vorsichtshalber in die Hosentasche gesteckt. Das möchte ich nachher mit Anna und Liselotte, den Zwillingen aus dem zweiten Stock, spielen. Die beiden kenne ich schon aus der Schule. Vielleicht haben ja auch die Kinder aus dem Dachgeschoss Lust mitzuspielen. Auch wenn Hertha sagt, dass die bestimmt beim Umzug helfen müssen. Ich glaube, auch sie freut sich über die neue Wohnung, auch wenn sie beim Schleppen des großen Wäschekorbs ächzt und stöhnt. Hier hat sie nämlich zum ersten Mal ein eigenes Zimmer.

Vielleicht können bald alle Kinder zusammen im Hof oder in meinem neuen großen Zimmer spielen. Falls mir Papa das erlaubt. Ach, wie ist ein Umzug doch spannend!

Dreikaiserjahr

15. Juni

1888

Mama steht schon wieder auf dem Sofa, um „einen ihrer bärtigen Monarchen“ aufzuhängen, wie Papa immer sagt. Jetzt sehen uns bereits drei deutsche Kaiser beim Essen zu. Der erste Kaiser des Deutschen Reichs, Wilhelm I., wurde 90 Jahre alt und starb im März. Sein Sohn, Friedrich III., hat alles geerbt – sogar den Kaisertitel. So ist das nämlich in einer Monarchie. Mama hatte darauf bestanden, zum Berliner Dom zu laufen und zuzuschauen, wie der Sarg vom ollen Wilhelm aus Berlin nach Charlottenburg gebracht wird. Und ich musste mitkommen. Dabei war es so kalt! Aber ein bisschen aufregend war es auch, weil so viele Leute Unter den Linden versammelt waren. Ich hatte geglaubt, wir würden bei dieser Gelegenheit wenigstens auch einen Blick auf den neuen Kaiser werfen können, aber denkste. Mama hat mir erklärt, dass der neue Kaiser leider zu krank sei.
Und jetzt, gerade mal 99 Tage später, ist sein Sohn, Wilhelm II., Kaiser und Mama hängt wieder ein Bild auf. Dabei hat es ordentlich Krach gegeben. „Dieser unbesonnene Jungspund wird uns alle ins Verderben reißen, aber meine Frau hängt ihn sogar noch ins Speisezimmer. Das verdirbt einem doch den Appetit!“, hat Vater geschimpft. Ich glaube, er mag den neuen Kaiser nicht besonders. „Hauptsache, ick muss den Kaiser nich in meiner Kammer haben. Abstauben werd ick den halt müssen“, hat unser Dienstmädchen Hertha dazu gesagt. Die gute Hertha! Sie ist so stolz auf ihr Kämmerchen. Das kann ich gut verstehen. Seit mein großer Bruder Karl ausgezogen ist, habe ich endlich auch ein eigenes Zimmer. Jetzt weint Mutter, weil Vater immer noch schimpft. So schrecklich kann der neue Kaiser doch gar nicht sein!

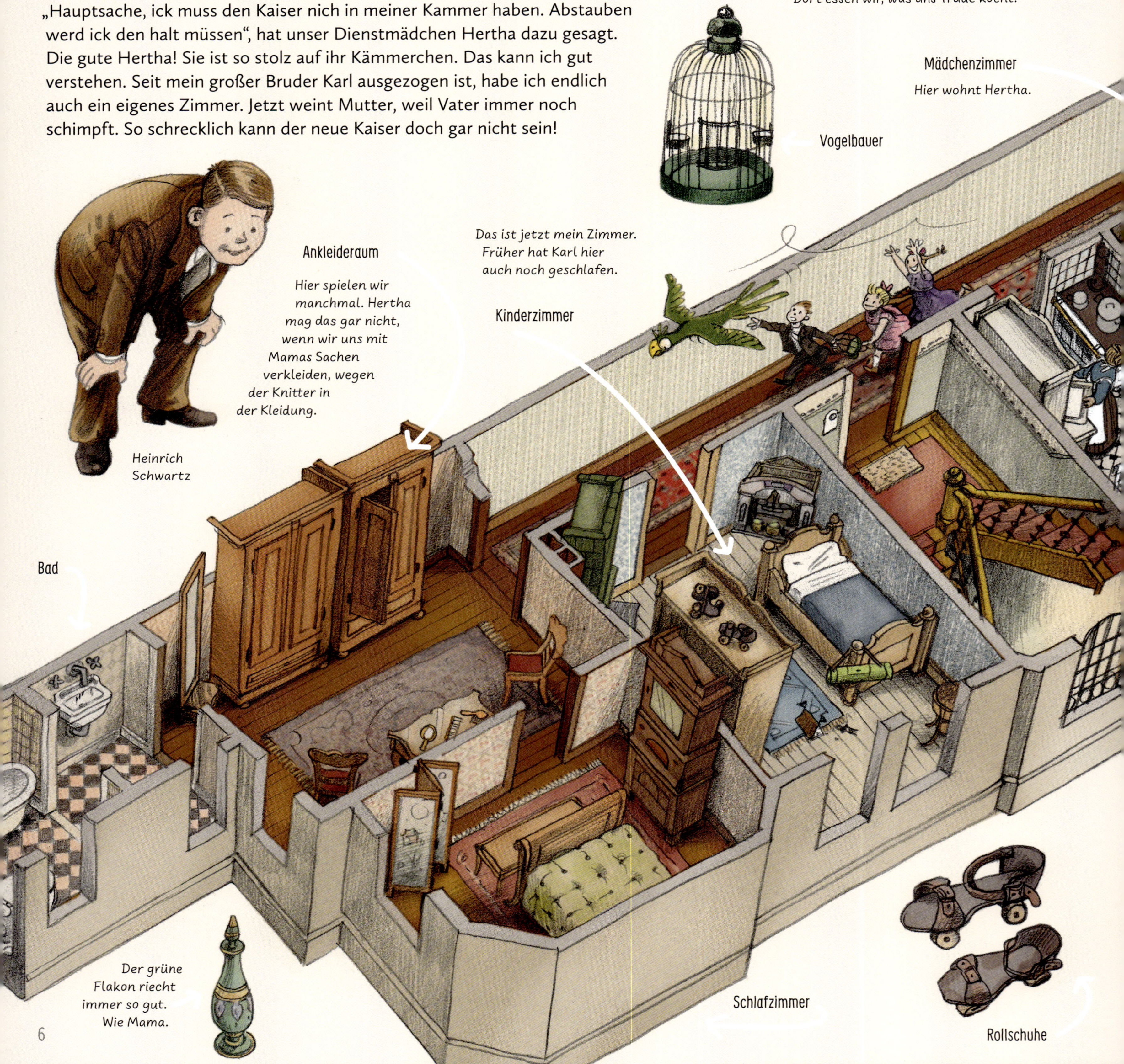

Kaminuhr Kaiser Wilhelm I. zu Pferde

Toilette mit Wasseranschluss

Die Kommode ist aus dem Haus meiner Großeltern. Sie haben sie Mama zum Auszug geschenkt. Sie passt nicht so ganz zu den übrigen Möbeln des Schlafzimmers, aber Mama stört das nicht.

Das Deutsche Kaiserreich

1871 bis 1888

Bis 1871 sah die Karte der deutschen Lande wie ein Flickenteppich aus. Über 30 Landesherren herrschten über die vielen kleinen und großen Königreiche und Fürstentümer. Nördlich des Mains hatten sich die Staaten zum Norddeutschen Bund zusammengeschlossen. Weil dieser Bund eine Verfassung hatte, die die Regeln für Staat und Bürger vorgab, war er eine Art Bundesstaat. Der preußische König, Wilhelm I., war gleichzeitig Staatsoberhaupt. Bundeskanzler war Otto von Bismarck.

Im Krieg gegen den „Erbfeind" Frankreich kämpften 1870/71 zum ersten Mal deutsche Soldaten aus Nord und Süd gemeinsam. Der schnelle Sieg führte zu einer nationalen Stimmung, wie es sie zuvor noch nie gegeben hatte. Noch bevor der Krieg beendet war, verhandelte Bismarck bereits über die Gründung eines gemeinsamen deutschen Reichs. Das erforderte einiges Geschick, Kompromisse und im Fall des bayerischen Königs Ludwig II. auch größere Zahlungen. Als Letztes musste Bismarck noch den preußischen König davon überzeugen, als Kaiser die Führung des Deutschen Reichs zu übernehmen. Als das gelang, wurde am 18. Januar 1871 das Deutsche Kaiserreich ausgerufen.

Jedoch nicht in der Hauptstadt Berlin oder einer anderen deutschen Stadt. Man tat dies ausgerechnet im Spiegelsaal von Schloss Versailles. Damit hatte man die Franzosen als Kriegsverlierer noch einmal so richtig verärgert. Das Verhältnis zu Frankreich war somit für lange Zeit sehr schlecht. Auch die anderen Nachbarländer waren von der Gründung des Deutschen Kaiserreichs nicht begeistert, denn nun hatten sie es mit einer neuen Großmacht in Europa zu tun, die England und Frankreich die führende Rolle streitig machte.

Im Jahr 1888 waren innerhalb eines Jahres alle Kaiser an der Macht, die es bis zum Ende des Deutschen Reichs geben sollte. Der letzte der drei Kaiser, Wilhelm II., wollte das Deutsche Reich zur Weltmacht bringen und erreichte am Ende das Gegenteil.

Viel heller als unsere Petroleumlampen zu Hause sind die neuen Straßenlaternen am Potsdamer Platz.

Otto von Bismarck (1815–1898) war Reichskanzler, preußischer Ministerpräsident und Außenminister. Sein Spitzname war der „Eiserne Kanzler".

Friedrich III. (1831–1888) war schon unheilbar krank und konnte nicht mehr sprechen, als er der zweite Kaiser des Deutschen Reichs wurde.

Berliner Pferdebahn
Schlesisches Tor–Treptow

Wilhelm II. (1859–1941) wollte das Deutsche Reich zu einer Weltmacht machen und erreichte am Ende das Gegenteil.

Seit 1881 hatte das benachbarte Lichterfelde eine elektrische Straßenbahn.

Es gibt jetzt eine Währung, die im ganzen Deutschen Reich gilt: die Reichsmark.

Kaiserproklamation

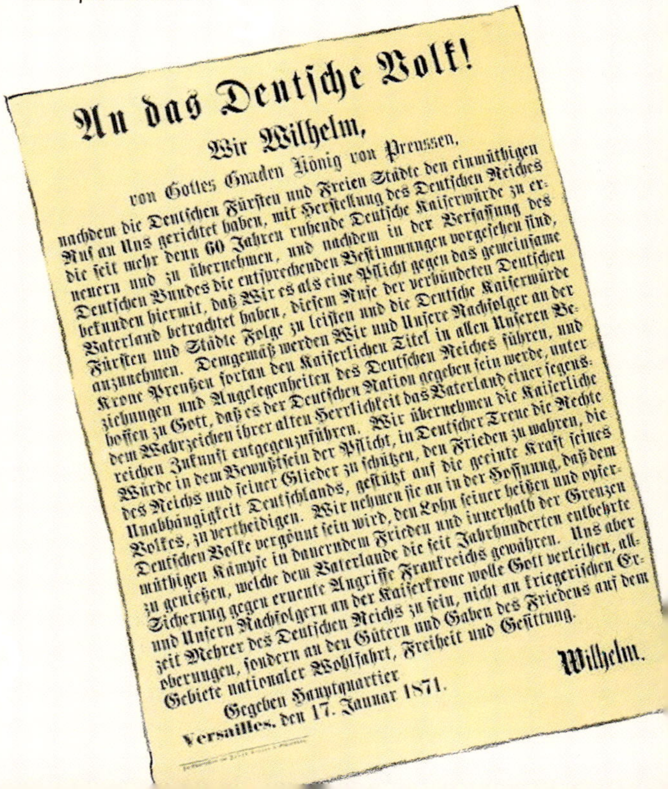

An das Deutsche Volk!

Wir Wilhelm,

von Gottes Gnaden König von Preussen,

nachdem die Deutschen Fürsten und Freien Städte den einmüthigen Ruf an Uns gerichtet haben, mit Herstellung des Deutschen Reiches die seit mehr denn 60 Jahren ruhende Deutsche Kaiserwürde zu erneuern und zu übernehmen, und nachdem in der Verfassung des Deutschen Bundes die entsprechenden Bestimmungen vorgesehen sind, bekunden hiermit, daß Wir es als eine Pflicht gegen das gemeinsame Vaterland betrachtet haben, diesem Rufe der verbündeten Deutschen Fürsten und Städte Folge zu leisten und die Deutsche Kaiserwürde anzunehmen. Demgemäß werden Wir und Unsere Nachfolger an der Krone Preußen fortan den Kaiserlichen Titel in allen Unseren Beziehungen und Angelegenheiten des Deutschen Reiches führen, und hoffen zu Gott, daß es der Deutschen Nation gegeben sein werde, unter dem Wahrzeichen ihrer alten Herrlichkeit das Vaterland einer segensreichen Zukunft entgegenzuführen. Wir übernehmen die Kaiserliche Würde in dem Bewußtsein der Pflicht, in Deutscher Treue die Rechte des Reichs und seiner Glieder zu schützen, den Frieden zu wahren, die Unabhängigkeit Deutschlands, gestützt auf die geeinte Kraft seines Volkes, zu vertheidigen. Wir nehmen sie an in der Hoffnung, daß dem Deutschen Volke vergönnt sein wird, den Lohn seiner heißen und opfermüthigen Kämpfe in dauerndem Frieden und innerhalb der Grenzen zu genießen, welche dem Vaterlande die seit Jahrhunderten entbehrte Sicherung gegen erneute Angriffe Frankreichs gewähren. Uns aber und Unsern Nachfolgern an der Kaiserkrone wolle Gott verleihen, allzeit Mehrer des Deutschen Reichs zu sein, nicht an kriegerischen Eroberungen, sondern an den Gütern und Gaben des Friedens auf dem Gebiete nationaler Wohlfahrt, Freiheit und Gesittung.

Gegeben Hauptquartier Versailles, den 17. Januar 1871.

Wilhelm.

Fahne des Deutschen Reichs

Diese Fahne wurde in Anwesenheit des Kaisers 1871 auf Schloss Versailles gehisst.

25. Dezember

1914

Endlich ist Weihnachten. Seit Wochen freue ich mich schon darauf. Aber dieses Jahr ist die Stimmung unterm Weihnachtsbaum gar nicht schön, weil nämlich Krieg ist. Nicht hier bei uns in Berlin, zum Glück, aber das Vaterland muss verteidigt werden und Opfer bringen, hat unser Lehrer gesagt. Viele Soldaten wurden in den Krieg geschickt. Auch mein Onkel Heinz, Mamas Bruder, und der Verlobte von unserem Dienstmädchen Marie sind im August mit der Eisenbahn am Anhalter Bahnhof losgefahren. Jetzt sind Tante Olga und mein kleiner Cousin Johannes allein mit Oma und Opa aus Breslau gekommen. Onkel Heinz ist in diesem Jahr nicht dabei. Das finde ich gemein. Dabei hat er mir hoch und heilig versprochen, Weihnachten wie immer mit uns zu feiern. „Ich bringe euch den Sieg als Geschenk mit, Marthalein", hat er gesagt. „Onkel Heinz liegt vor Ypern", hat Mama erklärt. Das muss dort ganz furchtbar sein, denn Mama, Tante Olga und Marie haben dann ganz schrecklich geweint, und auch ich bin ganz traurig geworden – und das am Heiligen Abend.

Ypern ist ein Ort in Flandern und das ist in Belgien – das habe ich in der Schule gelernt. Ich hoffe, dass Onkel Heinz dort wenigstens nicht frieren muss. Seit Monaten stricken wir Mädchen in der Schule Socken für die Soldaten – nicht nur im Handarbeitsunterricht. Mir tun schon die Finger davon weh. Auch Mama und Marie stricken jede freie Minute Socken, lange Unterhosen und Pulswärmer. Ich soll ihnen helfen und mich nicht so anstellen, sagt Mama, aber ich

spiele lieber mit meiner Freundin Luise Rotkreuzschwester. Wir tun so, als seien unsere Puppen verwundete Soldaten, die wir pflegen müssen. Papa hat mir dazu aus seiner Apotheke extra einen kleinen Koffer mit Verbandsmaterial mitgebracht. Manchmal spiele ich auch mit meinem Bruder und seinen Soldatenfiguren. Gestern, am Heiligen Abend, hat er einen Infanteristen geschenkt bekommen. Damit haben wir stundenlang Schützengraben und Lazarett gespielt, bis Mama weinend aus der guten Stube gelaufen ist. Da habe ich mich geschämt, weil ich gar nicht mehr an Onkel Heinz gedacht hatte.

Martha Schwartz
11 Jahre

1. Weltkrieg

1914 bis 1918

Was den Krieg verursacht hat? Vor allem die Rivalitäten zwischen den Ländern Europas. Bismarck hatte sich für einen Ausgleich der Machtverhältnisse eingesetzt, doch dagegen stand die forsche Politik von Kaiser Wilhelm II. Dass Deutschland eine Großmacht geworden war, reichte ihm nicht, er wollte, dass sein Reich das mächtigste in Europa wird. Da kam die Ermordung des österreichischen Thronfolgers durch einen serbischen Nationalisten dem deutschen Kaiser und vielen anderen gerade recht. Mit der darauf folgenden Kriegserklärung Österreich-Ungarns an Serbien startete eine ganze Kette von Kriegserklärungen. Am 1. August trat das Deutsche Reich als Bündnispartner Österreich-Ungarns mit einer Kriegserklärung an Russland in den Krieg ein. Die Militärführung überschätzte die militärische Stärke des Deutschen Reichs und hielt die Gelegenheit für günstig, auch gleich dem „Erbfeind" Frankreich den Krieg zu erklären. Der Bevölkerung wurde das Eintreten in den Krieg als notwendige Verteidigung verkauft.
Mit dem schrecklichen Ausmaß des Krieges, der als Erster Weltkrieg in die Geschichte einging, hatte allerdings niemand gerechnet. Am Ende dauerte er vier Jahre. Zunächst lag das Zentrum des Kriegsgeschehens noch in Europa. Frankreich, England und Russland (die *Entente* – frz. für Bündnis) kämpften gegen Österreich-Ungarn und das deutsche Kaiserreich (die Mittelmächte). Gegen Ende des Krieges waren noch viele weitere Länder in den Krieg eingetreten, darunter auch die USA.
Der Einsatz neuer Kriegstechnik führte zu vielen Toten auf allen Seiten. Weltweit starben fast 10 Millionen Menschen. Etwa doppelt so viele Menschen überlebten mit zum Teil schweren Verletzungen. Zahlreiche Soldaten waren durch ihre schrecklichen Erlebnisse traumatisiert. Hunger und Krankheiten, Begleiterscheinungen des Krieges, kosteten noch weit mehr Menschen auch jenseits des Kriegsgeschehens das Leben.
Im Friedensvertrag von Versailles wurde dem Deutschen Kaiserreich die alleinige Schuld am Ersten Weltkrieg zugewiesen. Deshalb sollte es sehr hohe Wiedergutmachungszahlungen an die Siegermächte leisten.

Wilhelm From
Sohn von Kar
Schulfreu

Ich starb auf hoher See. Während einer Erkundungsfahrt wurde unser U-Boot von einem britischen Kriegsschiff entdeckt und versenkt.

Heinz Adler,
Marthas Onkel

Ich habe überlebt! Das ist das größte Wunder. Denke ich an den Krieg, denke ich vor allem an das Grauen. Ich habe vier Winter in den Schützengräben gefroren, zahlreiche Kameraden sterben sehen. Am schlimmsten war die ständige Angst. Aber dann ist da noch die Erinnerung an das erste Weihnachten im Krieg. Plötzlich schwiegen die Waffen und von allen Seiten klangen Weihnachtslieder über das Niemandsland zwischen den Fronten: in Deutsch, Französisch und Englisch.

Kriegsbilderbuch mit Liedern und Gedichten, um 1914

Mama hasst diese Kriegslieder!

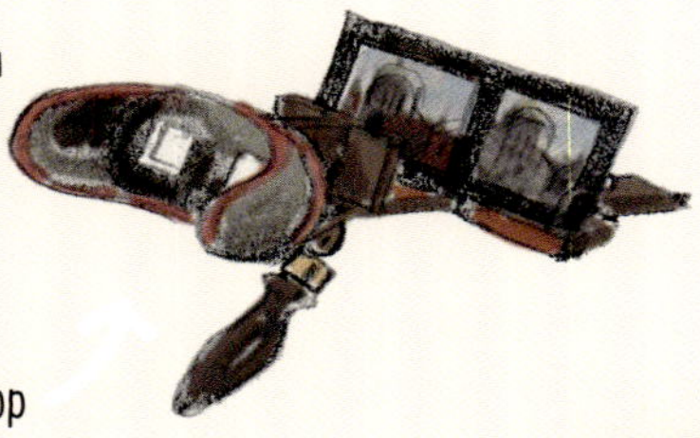

Stereoskop

Damit sehen die Bilder dreidimensional aus.

Ich bin froh, dass du als Pfarrer nicht in den Krieg ziehen musst, Heinrich. Was für eine schreckliche Vorstellung, sich zu sorgen, man könnte seinen Bruder verlieren.

Du hast Recht. Auch ich bin froh, dass du als Apotheker in Berlin benötigt wirst. Aber vielleicht sollte ich als Seelsorger an die Front gehen. Ich hatte noch nie so viele Trauerfeiern wie in den letzten Wochen. Trotzdem predigen fast alle meine Kollegen den Krieg.

Karl Schwartz, Marthas Vater

Heinrich Schwartz, Karls Bruder

Mitten in der Erntezeit wurde ich eingezogen. Da war ich gerade 20 Jahre alt. Mit Begeisterung in den Krieg ziehen: nichts kam mir unsinniger vor. Am Bahnhof, zwischen all den Singenden, habe ich mich falsch und elend gefühlt. Heiraten wollte ich und Kinder haben. Ich habe das erste Kriegsjahr nicht überlebt. Ich starb an der Ostfront beim Angriff auf eine gegnerische Stellung.

Stahlschutzhelm M1916 von 1918

Fingerring mit Eisernem Kreuz „KRIEGSFÜRSORGE 1914–15 V.F.V."

Fingerring „VATERLANDSDANK 1914"

Selbst Marie hat ihren Verlobungsring hergegeben, damit der Krieg bezahlt werden kann.

Unsere Soldaten müssen nur schnell die Russen besiegen und dann können sie es diesen Franzosen mal so richtig zeigen. Das wird ein Triumph. Wie damals 1870 bei Sedan!

Was redest du da? Dein einziger Sohn ist in diesem furchtbaren Krieg. Machst du dir keine Sorgen, dass Heinz etwas passieren könnte?

Hört auf zu streiten und lasst uns lieber für meinen Bruder beten. Möge er gesund zu uns zurückkehren.

Porzellankopf-puppe

Mein Püppchen mag die verdünnte Milch nicht, genau wie ich.

Auch unsere Puppen haben von Mama Bezugsscheine für Lebensmittel bekommen.

Der Vater von Bertha Schwartz, Marthas Opa

Olga Adler, Marthas Tante

Bertha Schwartz, Marthas Mutter

Friedrich, Marthas Bruder

Verschiedene Bezugsscheine für die Püppchen

Lebensmittelkarte für die Puppenstube

Mein Verlobter Ernst ist im Krieg geblieben. Ich wollte meine Stellung aufgeben und mit ihm gemeinsam den Hof bewirtschaften. Jetzt werde ich wohl ewig Dienstmädchen bleiben. Wenigstens werde ich von meiner Herrschaft gut behandelt. Meine Freundin Lina, die im Nachbarhaus arbeitet, wird sogar geschlagen.

Marie, das Dienstmädchen

Meine Frau war nicht mehr da, als ich aus dem Lazarett nach Hause kam. Ich kann es ihr noch nicht einmal verübeln. Sie ist noch jung und will nicht ihr ganzes Leben mit einem Monster verbringen. Ich habe alle Spiegel abgehängt. Wie ich aussehe, spiegelt sich in den Gesichtern der Menschen auf der Straße. Mein Freund ist die Nacht geworden. Sie verhüllt mein entstelltes Gesicht.

Rudolf, Kamerad von Ernst

„Ich kenne keine Parteien mehr, ich kenne nur noch Deutsche", hatte der Kaiser im Juli vom Schlossbalkon aus verkündet. Endlich konnte ich mich als Jude und vollwertiger deutscher Bürger beweisen. Ich habe mich freiwillig gemeldet, um für mein Land zu kämpfen. Als Reserveoffizier habe ich eine Einheit befehligt. Dafür wurde ich mit einem Verdienstorden ausgezeichnet. Ich hatte Glück. 12 000 meiner Glaubensbrüder ließen im Feld ihr Leben.

Ernst, Maries Verlobter

Otto Schmidtkte, Nachbar aus der Dachwohnung

Ich fürchte mich vor dem Schlaf, der die schrecklichen Bilder aus den Schützengräben bringt. Ich kann kaum mit meiner Familie in einem Zimmer sein. Jedes laute Geräusch führt dazu, dass ich zittere und nicht mehr aufhören kann. Ich kann nicht mehr arbeiten, meine Familie nicht mehr versorgen. Was bin ich noch wert?

Levin Mayer, Nachbar aus dem 1. Stock

Neues Kohlrüben-Kriegskochbuch

Praktische Anweisung zur Bereitung der verschiedensten Speisen von Kohlrüben

Mit einer Nährgeldwert-Tabelle der gebräuchlichsten Nahrungsmittel

Herausgegeben von Ida Keller

Was viele nicht wissen!

Aus dem Wasser der abgekochten Kohlrübe …

Kohlrüben-Kriegskochbuch

Am Anfang waren in Berlin alle ganz begeistert vom Krieg und haben die Soldaten gefeiert. Ich mag den Krieg nicht. Ständig gibt es Steckrüben zu essen. Mein Onkel Heinz ist gar nicht mehr so lustig wie früher, wenn er uns besucht. Und unser Nachbar Herr Schmidtke zuckt ständig zusammen, wenn wir Kinder nur ein bisschen lauter sind.

Martha

Martha Schwartz
15 Jahre

10. November
1918

Heute ist ein seltsamer Tag. Also, eigentlich müsste ich sagen, gestern war ein seltsamer Tag. Aber gemerkt habe ich das erst heute und so richtig verstanden habe ich das, was hier in Berlin gerade los ist, noch immer nicht. Heute kam nämlich mein Freund Walter in die Apotheke, um die Medizin für seine kleine Schwester abzuholen. Er hat mir erzählt, dass er gestern Abend mit seinem Vater zum Schloss in Berlin gegangen ist. Ganz begeistert war er und hat geredet wie ein Wasserfall: „Stell dir vor, Martha, was ich gestern gesehen habe! Karl Liebknecht stand in der Nähe vom Schloss auf einem Lastwagen, umringt von Tausenden von Menschen. Er spricht von der Revolution und alle haben ihm zugejubelt.

Und dann ging alles ganz schnell. Plötzlich steht Liebknecht auf dem Balkon des Schlosses und erklärt Deutschland zu einer sozialistischen Republik. Und alle jubeln ‚Hoch die Republik!'. Das war so aufregend!"

Ich habe ihm das erst gar nicht glauben wollen. Denn die Sache ist so: Papa hat mich gestern am Nachmittag losgeschickt, um Medikamente auszuliefern. Ich helfe ihm nämlich ab und zu in der Apotheke, drehe mit ihm Pillen oder mache kleine Botengänge. Im Moment ist das schon ein wenig gefährlich, wo doch in Berlin so viel demonstriert und sogar gekämpft wird, und Mama hat Papa ordentlich gescholten. Aber ich mach diese Botengänge gerne. Die Leute sind dankbar und freuen sich, vor allem die alten, kranken Menschen, die nicht mehr gut laufen können. Ab und zu bekomme ich auch ein Trinkgeld zugesteckt. Die Medizin war für eine alte Dame, die in der Nähe des Reichstags wohnt. Schon von Weitem habe ich das Stimmengewirr gehört. Als ich am Reichstag ankomme, sehe ich, wie da ein Mann in einem offenen Fenster steht. Es war der Politiker Philipp Scheidemann, den kenne ich aus der Zeitung. Neugierig habe ich ein bisschen zugehört und darüber die Zeit vergessen, weswegen Papa streng geschaut hat, als ich viel später als erwartet zurückgekommen bin. Aber jetzt das eigentlich Erstaunliche: Auch Philipp Scheidemann hat die Republik ausgerufen – ich habe es genau gehört. Ob wir jetzt zwei Republiken haben? Ich werde nachher Papa mal fragen. Vielleicht kann er mir das erklären! Er liest ja immer die Zeitung.

Novemberrevolution

1918

Lange Zeit hatten die obersten Militärs die Lage falsch eingeschätzt und dem deutschen Volk den Sieg versprochen. Im September 1918 mussten sie dann die Niederlage eingestehen. Mit dem Kriegseintritt der USA im Jahr zuvor waren die Gegner klar in der Überzahl. Die Verhandlungen über einen Waffenstillstand begannen Anfang Oktober. Trotzdem befahlen die obersten Generäle Ende Oktober der deutschen Marineflotte, noch in eine letzte große Seeschlacht aufzubrechen. Doch die Matrosen verweigerten den Befehl und wagten den Aufstand, unterstützt von zahlreichen kriegsmüden Soldaten und den hungernden Arbeitern. Es kam zur Revolution in Deutschland. Die Soldaten und Arbeiter bildeten Räte. Ihre Forderungen: vor allem den sofortigen Waffenstillstand. Doch damit nicht genug: Die Monarchie sollte weg und mit ihr auch der Kaiser. Ein neues Regierungssystem wurde gefordert. Doch welches? Darüber bestand in Deutschland keine Einigkeit. In der Hauptstadt Berlin kam es zu Streiks und Demonstrationen. Der erzwungene Thronverzicht des Kaisers konnte die Ereignisse nicht mehr verhindern. So kam es, dass am 9. November die Republik ausgerufen wurde, die endgültig die Herrschaft des Kaisers in Deutschland beendete – nicht nur einmal, sondern gleich zweimal: Um 14 Uhr rief Philipp Scheidemann die Republik aus. Kurz zuvor hatte bereits Karl Liebknecht von einem Balkon des Stadtschlosses die sozialistische Republik ausgerufen. Doch beide verstanden unter einer Republik etwas Grundverschiedenes.

Der Streit über die politische Zukunft sorgte in Berlin für ein halbes Jahr für bürgerkriegsähnliche Zustände. Durchgesetzt hat sich am Ende eine parlamentarische Demokratie, die sogenannte Weimarer Republik. Sie heißt so, weil zu Beginn der Regierungssitz aus dem unruhigen Berlin nach Weimar verlegt worden war.

Der Vertrag, der die Kampfhandlungen des Ersten Weltkriegs beendete, wurde am 11. November 1918 von dem Reichstagsabgeordneten Matthias Erzberger unterzeichnet. Die Oberste Heeresleitung hatte sich damit aus der Verantwortung gezogen. Einen Friedensvertrag gab es erst 1919. Leider sicherte dieser weniger den Frieden, als dass er Grund für einen neuen Krieg war.

Magnetlampe

Die kleine Lampe hat mir Onkel Heinz geschenkt. Er hat sie aus dem Krieg mitgebracht.

Elisabeth Schwartz, Marthas Oma

Martha

Extraausgabe des „Vorwärts" – der Kaiser hat abgedankt!

Revolutionstage in Berlin

Bertha Schwartz, Marthas Mutter

Martha

Karl Schwartz, Marthas Vater

Zigarettendose Duke of York, Garbaty, Berlin-Pankow

Dr. Lang aus der Praxis nebenan

* Später wird sich für diese Krankheit der Begriff „Spanische Grippe" durchsetzen.

st denn schon wieder Krieg?

Revolutionstage in Berlin. Abordnung der Soldatenräte mit roter Fahne

Dr. Lang beim Besuch eines kranken Jungen

Anna, Marthas kleine Schwester

Friedrich

Karl Liebknecht hatte viele erbitterte Gegner.

Friedrich Ebert: Dem Parteivorsitzenden der SPD wurde von Max Prinz von Baden eigenmächtig das Amt des Reichskanzlers übertragen. Er wollte eine gewaltsame Revolution verhindern und wurde der erste Präsident der 1919 gegründeten Weimarer Republik.

Philipp Scheidemann: „Das deutsche Volk hat auf der ganzen Linie gesiegt. Das alte Morsche ist zusammengebrochen; der Militarismus ist erledigt! Die Hohenzollern haben abgedankt! Es lebe die deutsche Republik!"

Schützengraben in den Zugangsstraßen am Spittelmarkt, März 1919

Das ist meine Schatzdose. Darin liegen meine Sammelbilder.

Die Oberste Heeresleitung. Gemeinsam auf dem Bild: Paul von Hindenburg, Kaiser Wilhelm II., Erich Ludendorff

Karl Liebknecht: „Der Tag der Revolution ist gekommen. Wir haben den Frieden erzwungen. Der Friede ist in diesem Augenblick geschlossen. Das Alte ist nicht mehr. Die Herrschaft der Hohenzollern, die in diesem Schloss jahrhundertelang gewohnt haben, ist vorüber. In dieser Stunde proklamieren wir die freie sozialistische Republik Deutschland."

2. Dezember 1923

Heute habe ich mich mit Gertrud getroffen. Gertrud ist meine Freundin. Sie wohnt oben unterm Dach. Ich gehe sie oft besuchen, auch wenn Mama meint, dass Gertruds Familie „kein Umgang“ für mich sei. Bei zehn Personen in einer Anderthalb-Zimmer-Wohnung ist es eben laut und eng. Bei den Schmidtkes ist immer was los! Das ganze Leben spielt sich in der Küche ab, dort ist es am wärmsten. Heute habe ich bei meinem Besuch aber auch in der Küche schrecklich gefroren. Dabei hat Gertruds Mutter extra noch einmal einen Bündel Geldscheine in den Ofen geworfen. „Für die paar Millionen kann ick mir eh nischt kofen“, hat sie grimmig gesagt. Gertrud hat mir erzählt, dass sie gerade für ein Kilo Kartoffeln 90 Milliarden Reichsmark bezahlt hat. „Stell dir vor: Das ist eine 9 mit 10 Nullen hintendran! Das Geld war fast so schwer wie die Kartoffeln!“

Darüber hat auch schon unser Dienstmädchen Ida geschimpft. „Seit Monaten muss ich immer mehr Geld zum Einkaufen schleppen. Dann das Schlangestehen vor den Geschäften, und am Ende ist doch schon alles weg.“ Und unsere Köchin Else beschwert sich, dass sie nur noch Kartoffeln kochen soll.

Papa sagt, das ist eine Folge des Krieges. Er hat mir erklärt, dass die Wiedergutmachung, die Deutschland an die Sieger des Krieges zahlen muss, sehr hoch ist. So hoch, dass das gar nicht zu leisten sei. Deswegen sind seit einigen Monaten sogar fremde Soldaten im Ruhrgebiet.

Ich hatte gehofft, dass nach dem Krieg der Hunger vorbei ist. Pustekuchen – es ist fast noch schlimmer geworden. Gestern habe ich einen Nachbarjungen dabei beobachtet, wie er beim Gemüsehändler einen Apfel geklaut hat. Von meinem Vater weiß ich, dass seine Familie sehr arm ist. Papa hat ihnen letzten Monat Medizin geschenkt. Anschreiben lässt er schon lange nicht mehr. „Anschreiben ist dieser Tage wie verschenken", sagt Papa. Obwohl es uns noch ziemlich gut geht, schaut er oft ganz sorgenvoll. Ich habe ihm gesagt, dass ich jeden Tag Kartoffeln esse, wenn ich nur weiterhin aufs Lyzeum gehen darf. Er stöhnt nämlich immer, wie viel Schulgeld ihn seine klugen Kinder kosten.

Anna Schwartz
12 Jahre

Weimarer Republik

Die Ausgangslage für die Weimarer Republik war denkbar ungünstig. Deutschland hatte den Krieg verloren und war hoch verschuldet. Dazu kamen die Entschädigungszahlungen und Gebietsabtretungen, die die Sieger verlangten. Deutschland war damit um fast ein Viertel kleiner geworden. Vor allem Grenzgebiete im Osten und Westen wie das Saargebiet mussten abgegeben werden, die für die Versorgung der Industrie mit Kohle und Eisenerz und für die Versorgung mit Lebensmitteln wichtig gewesen waren.

Auch politisch war die Lage schwierig. Das Parlament bestand aus sehr vielen Parteien, die unterschiedliche oder sogar gegensätzliche politische Ziele verfolgten und heftig darum stritten. Damit waren Unruhen quasi vorprogrammiert – vor allem in Berlin und im Ruhrgebiet. Das wurde im Januar 1923 von französischen und belgischen Truppen besetzt, um pünktliche Wiedergutmachungszahlungen zu erzwingen. Die Regierung rief zum passiven Widerstand durch Arbeitsverweigerung auf und übernahm die Bezahlung der Arbeiter. Doch woher sollte der verschuldete Staat das Geld nehmen? Man druckte einfach mehr davon. Die Folge war, dass der reale Wert des Geldes extrem sank – eine Hyperinflation. Bald konnten sich die Menschen für sehr viel Geld nur noch sehr wenig kaufen. Erst eine neue Währung, neu verhandelte Entschädigungszahlungen und Kredite amerikanischer Banken brachten eine positive Wende.

Trotz aller Schwierigkeiten erlebten die Berliner ab 1924 eine Zeit, die heute als die „Goldenen Zwanziger" bezeichnet wird. Das Geld war wieder etwas wert. Immer mehr Menschen konnten jetzt auch an das Vergnügen denken. Die Zusammenlegung mit benachbarten Städten und Dörfern hatte „Groß-Berlin" im Jahr 1920 zur drittgrößten Stadt der Welt gemacht – ein Zentrum nicht nur für Industrie und Wissenschaft, sondern auch für Film, Mode, Messen, Musik, Kino, Theater und Varieté. Die zunehmende Versorgung mit Strom und viele Erfindungen veränderten das Leben der Berliner – allerdings nicht aller. Hunger, Armut und Wohnungsnot waren immer noch große Probleme.

1929 sorgte die Weltwirtschaftskrise überall für Massenarbeitslosigkeit. Die Unzufriedenheit wuchs. Immer mehr Menschen wählten links- oder rechtsextrem orientierte Parteien wie die KPD oder die NSDAP, die Partei Adolf Hitlers.

Letzte Woche habe ich Gertruds große Schwester gesehen, als sie in den Abfällen von der Markthalle nach Essen gesucht hat.

Ich habe Glück mit meinen Herrschaften, aber ich will nicht ewig Dienstmädchen bleiben. Nachts übe ich heim lich auf der Schreibmaschine – nicht die neueste, aber sie funktioniert. Die habe ich von einem Verehrer, einen Geschäftsmann. Hoffentlich merkt es keiner, sonst setz man mich bestimmt auf die Straße. Für uns Frauen ist ei neue Zeit angebrochen. Ich gehe wählen und nehme me Schicksal selbst in die Hand.

Hannelore, Hannelore
Schönstes Kind vom Hall'schen Tore
Süßes, reizendes Geschöpfchen
Mit dem schönsten Bubiköpfchen
Keiner unterscheiden kann
Ob du Weib bist oder Mann!
Hannelore, Hannelore
Schönstes Kind vom Hall'schen Tor

Ida findet Claire Waldoff knorke. Mama mag ihre Lieder nicht. Die muss Id heimlich singen.

Ida, das Hausmädchen

Wo kommt denn das Kleid her? Ist das neu?

Das geht euch gar nix an! Und keinen Piep zu den Herrschaften!

Gusseisernes Bügeleisen

Martha, Annas große Schwester

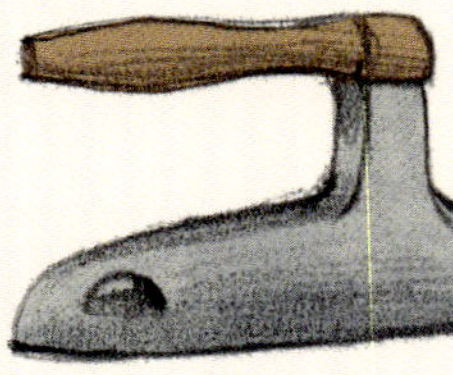

Gasbügeleisen

Papa will keines dieser neuen elektrischen Bügeleisen kaufen. Er sagt, fürs Bügeln bezahlt er doch schon Ida.

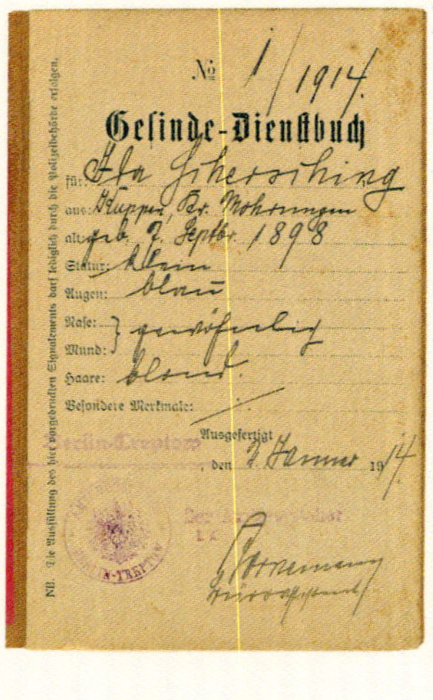

Nº 1/1914.
Gesinde-Dienstbuch

Das Gesindebuch unseres neuen Dienstmädchens Ida

Am Ende hat sich Papa durchgerungen: Unser Haus hat jetzt Strom. Und Ida hat einen Staubsauger!

Staubsauger AEG Vampyr

Matthias Erzberger: Der Politiker der Zentrumspartei unterzeichnete 1918 den Waffenstillstandsvertrag. Er wurde deshalb 1921 ermordet. Viele glaubten, der Krieg sei nicht durch die Schuld der Militärs, sondern der Politiker verloren worden. Sie nannten es den „Dolchstoß“ in den Rücken des unbesiegten Heeres.

Frau Schmidtke, Gertruds Mutter

Nähmaschine

Frau Schmidtke hat unsere alte Nähmaschine bekommen.

Auf den Stuhl hängt Frau Schmidtke die fertig genähten und reparierten Kleidungsstücke.

Wir lieben es alle, Radio zu hören. Aber Mama hat geschimpft, weil das Gerät so teuer war.

reibmaschine
smann & Fister,
in

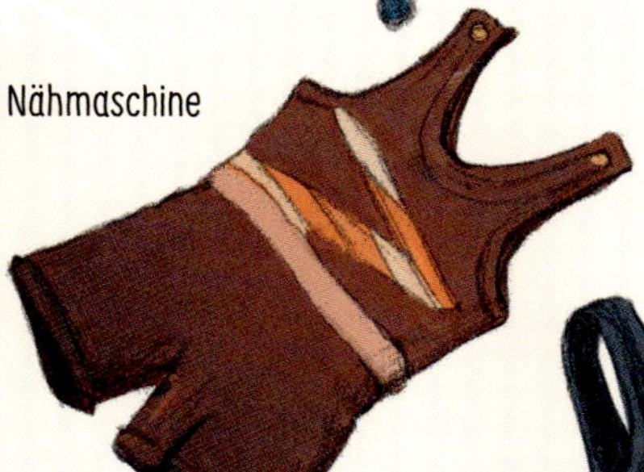

Badeanzüge der 1920er-Jahre

Am Wochenende fahren wir manchmal mit Mama und Papa ins Strandbad. Dit macht Lunte!

Mama und Papa waren neulich bei der Filmpremiere im Ufa-Palast am Zoo.

Woher Ida das Kleid hat, will sie nicht verraten.

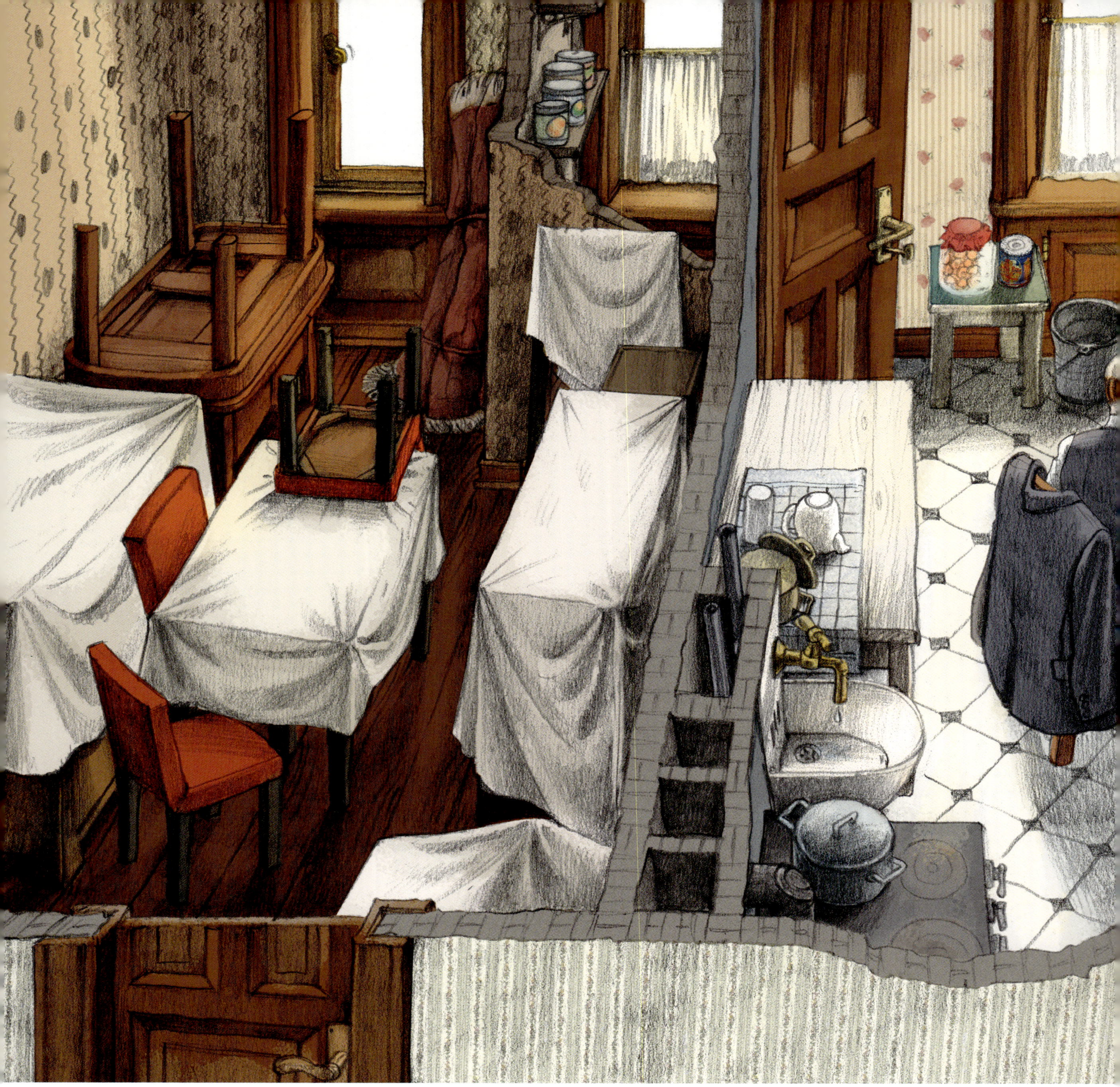

11. Mai
1933

Seit mein großer Bruder ein Pimpf beim Jungvolk ist, ist er ganz anders geworden. Günther trägt jetzt fast nur noch das braune Hemd, die Uniform der Hitlerjugend. Am liebsten würde er es auch in der Schule anziehen. Aber das verbietet ihm Mama. Das Hemd wollte sie ihm auch nicht kaufen. Er hat es von Oma bekommen. Mama hat furchtbar geschimpft. „Immer mischt sich deine Mutter in die Erziehung ein." Daraufhin hat Papa gesagt: „Das ist doch halb so schlimm. In deiner Familie gibt es zu viele Rote, das färbt schon auf dich ab. Du siehst überall Gespenster!" Was er damit wohl gemeint hat? Mama hat gar keine roten Sachen. Meistens trägt sie ihren weißen Apothekerkittel. Sie hat im letzten Monat die Apotheke und die Wohnung von Opa übernommen. Und auch wenn Opa jetzt nur noch ab und zu mithilft, rote Kleidung trägt auch er kaum. Na ja, und mein Bruder ist eben fast nur noch in Braun unterwegs.

Manchmal beneide ich ihn ein bisschen. Er hat jetzt einen Haufen neuer Freunde. Nur mit Judith und Benjamin Mayer von nebenan versteht er sich neuerdings überhaupt nicht mehr. Ich glaube, das hat mit seinen neuen Freunden beim Jungvolk zu tun. Letztens habe ich beobachtet, wie ihm der Hausmeister verschwörerisch zugezwinkert hat. Den mag ich nicht. Er schließt morgens den Dienstboteneingang zur Nachbarwohnung nicht mehr auf. Dabei weiß er ganz genau, dass Sara, die Köchin der Mayers, keinen Schlüssel dafür hat. Ich glaube, das macht er nur, weil sie Juden sind.

Mein Freund Friedrich hat erzählt, dass Männer der SA das Schild der Rechtsanwaltskanzlei seines Vaters beschmiert und die Eingangstür kaputtgetreten haben. Und überall im Viertel waren gemeine Sprüche gegen Juden an die Hauswände geschrieben. Die Polizei guckt nur tatenlos zu. Gott sei Dank hat Friedrichs Papa an dem Tag nicht gearbeitet, weil Sabbat war. Ob auch Freunde von Günther mitgemacht haben? Er hat mir keine Antwort gegeben, als ich ihn gefragt habe. Eben haben sich Mama und Papa beim Lesen der Zeitung wieder gestritten. Darin stand, dass gestern auf dem Opernplatz Bücher verbrannt wurden. Dazu hat Papa zu Mama gesagt: „Das war doch nur die Tat einiger Übereifriger." Das hat Mama furchtbar aufgeregt. Und da war sie dann wirklich ganz rot – im Gesicht.

Hans Richter
7 Jahre

„Gleichschaltung"

1933

Bereits in den 1920er-Jahren hatte die NSDAP mit Adolf Hitler versucht, durch einen Putsch an die Macht zu gelangen. Der Putsch scheiterte jedoch, die Partei wurde verboten und Hitler kam ins Gefängnis. Damit war klar: Dieses Ziel musste auf andere Weise erreicht werden. Obwohl die NSDAP immer mehr Wähler gewinnen konnte, reichte es lange Zeit nicht für die Mehrheit im Parlament. Ein wichtiger Schritt war Hitlers Ernennung zum Reichskanzler durch den Reichspräsidenten Paul von Hindenburg im Januar 1933. Nur wenige Monate später hatte er sich den nötigen Rückhalt für seine radikalen Ziele gesichert. Besonders drastisch waren jene, die die Ausgrenzung und Verfolgung der Juden vorsahen. Die Hoffnung der anderen Parteien, man könne Hitler für die eigenen Ziele instrumentalisieren, zerbrach.
Ein Ereignis, das die Entwicklung ganz wesentlich beschleunigte, war der Reichstagsbrand Ende Februar. Am Tatort verhaftete man einen Kommunisten, also einen politischen Gegner der NSDAP. Mit der bereits am Tag darauf vom Reichspräsidenten erklärten „Notverordnung" wurden die Grundgesetze außer Kraft gesetzt, Meinungs- und Versammlungsfreiheit gab es nicht mehr. Auch die Pressefreiheit wurde aufgehoben. Daraufhin konnte die NSDAP mit der rücksichtslosen Verfolgung ihrer Gegner starten. Dabei setzte sie vor allem auf die „Hilfspolizei", die vielfach aus Mitgliedern von SA und SS, den Schlägertrupps der NSDAP, bestand. Das Ende einer demokratischen Politik leitete der Deutsche Reichstag bei einer Tagung in Berlin am 24. März 1933 ein. Mit dem „Ermächtigungsgesetz" ging die Macht im Staat praktisch vollständig an Hitler über. Es ermächtigte ihn, ohne Zustimmung des Parlaments Gesetze zu erlassen, die noch nicht einmal mit der Verfassung vereinbar sein mussten. Die politischen Gegner im Parlament waren zuvor mit Gewalt mundtot gemacht worden. Das Deutsche Reich war jetzt keine Demokratie mehr, sondern eine Diktatur mit der NSDAP als einziger Partei.
Dass ein neuer Wind herrschte, war in Berlin sofort spürbar. Auf den Straßen waren viele SA- und SS-Uniformen zu sehen, überall wehten Hakenkreuzfahnen. Der Hitlergruß wurde zur üblichen Begrüßungsform. Mit dem Judenboykott am 1. April 1933 startete die Unterdrückung und Verfolgung der jüdischen Bevölkerung. Innerhalb eines Jahres wurden alle Vereine und Institutionen der NS-Regierung unterstellt, meistens, indem Parteigenossen die Leitung übernahmen. Die politische „Gleichschaltung" war erreicht.

Am 10. Mai 1933 wurde in Berlin „undeutsches Schrifttum" verbrannt.

Spielesammlung

Das ist Günthers Lieblingsspiel geworden. Ich mag unser altes „Mensch ärgere Dich nicht" aber lieber.

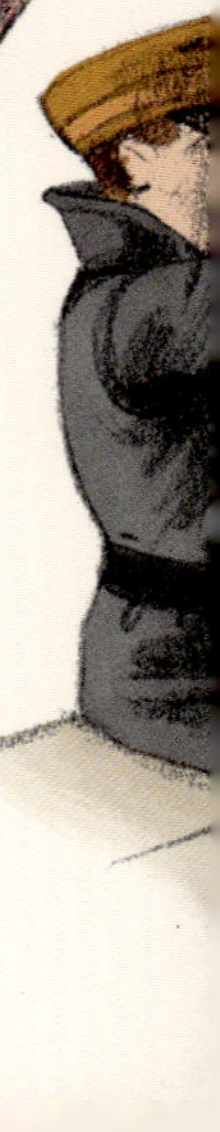

Den Berliner Schlüssel gibt es nur hier.

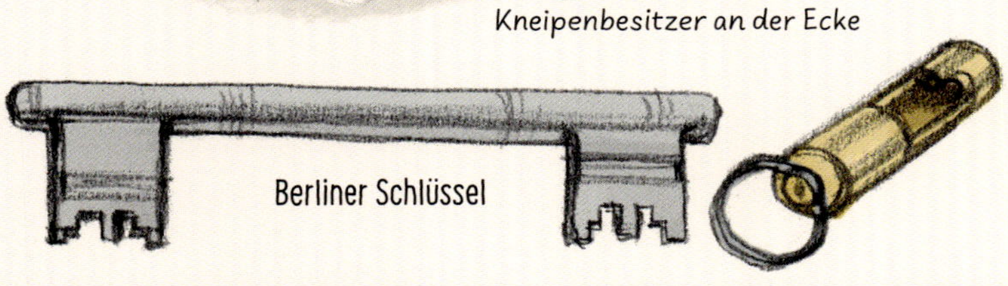
Berliner Schlüssel

Adolf Hitler: Dem Vorsitzenden der NSDAP gelang es, als Diktator das Deutsche Reich zu beherrschen.

Paul von Hindenburg gehörte während des Ersten Weltkriegs zur Obersten Heeresleitung. Auch in der Weimarer Republik spielte er als Reichpräsident eine folgenschwere Rolle.

Drei SA-Männer vor dem versperrten Eingang des Warenhauses Tietz

Hitlerjugend-Abzeichen

Ich mag das Abzeichen nicht. Aber Günthers Freund Friedrich trägt es mit Stolz.

Ilses große Schwester Inge geht jetzt immer zum Turnen beim Bund Deutscher Mädel.

Das Plakat hat der Hausmeister gestern in unserer Schule aufgehängt.

Puppenjunge in HJ-Uniform

Günther hat viele Spielzeugsoldaten, aber der Führer, der den rechten Arm zum Gruß heben kann, ist seine liebste Figur.

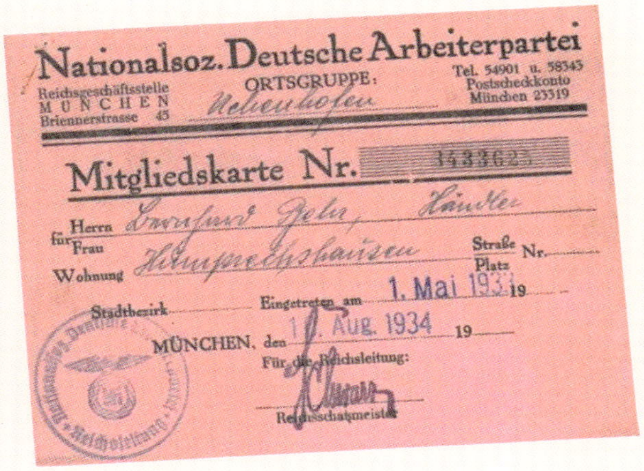

Nationalsoz. Deutsche Arbeiterpartei

Reichsgeschäftsstelle MÜNCHEN Briennerstrasse 45 — ORTSGRUPPE: — Tel. 54901 u. 58345 Postscheckkonto München 23319

Mitgliedskarte Nr. 343362

für Herrn / Frau

Wohnung — Straße / Platz Nr.

Stadtbezirk — Eingetreten am 1. Mai 1933 19

MÜNCHEN, den 1?. Aug. 1934 19

Für die Reichsleitung:

Reichsschatzmeister

Mitgliedsausweis der NSDAP

Ursula Richter
7 Jahre

2. August 1936

Schon seit Tagen steht ganz Berlin Kopf. Bei uns finden nämlich die XI. Olympischen Spiele statt. Total knorke ist das! Unter den Linden sind Fahnen gehisst: die Olympischen Ringe und natürlich das Hakenkreuz. Es sieht alles ganz festlich aus. Und das Luftschiff Hindenburg schwebt über der Stadt. Ich bin schon furchtbar aufgeregt.

Gestern war es dann endlich so weit. Mit Mama und Papa und meinen großen Brüdern Günther und Hans habe ich die Eröffnung der Olympischen Sommerspiele gesehen. Nicht im Stadion – im Fernsehen! Wir sind dazu extra ins Reichspostmuseum gegangen. Dort steht so ein Apparat. Na ja: Sehen konnte ich fast nichts. Der Bildschirm war

so klein und alle haben furchtbar gedrängelt. Aber ich habe den Kommentar des Sprechers gehört. Er hat die Eröffnungsfeier so schön beschrieben. Wie der Leichtathlet Fritz Schilgen mit dem olympischen Feuer ins Olympiastadion einläuft, um die große Feuerschale anzuzünden. Der Jubel der 120 000 Zuschauer vor Ort draußen in Westend. Und dann der Führer persönlich: „Ich verkünde die Spiele von Berlin als eröffnet." Als die 20 000 Friedenstauben in den Himmel über dem Stadion aufgestiegen sind, konnte ich dann auch im Fernsehapparat etwas sehen und habe Gänsehaut bekommen. So schön war das! Und erst der Lichtdom, den die Flakscheinwerfer in den Nachthimmel strahlten. Jetzt kann ich auch glauben, was die Zeitungen schreiben: Das werden bestimmt die größten Olympischen Spiele, die die Welt je gesehen hat. Schade, dass wir heute kein Führerwetter haben.

Wenn ich groß bin, will ich auch an den Olympischen Spielen teilnehmen. Vielleicht als Turnerin, denn im Bodenturnen bin ich richtig gut. Günther kann furchtbar schnell rennen und Schießen kann er auch sehr gut. Das übt er ja auch ständig in der Hitlerjugend. Er wird bestimmt einmal ein guter Soldat. Ich hoffe, wir können vielleicht bald wieder in eine solche Fernsehstube gehen. Ansonsten hören wir natürlich die Berichte im Radio. Es soll auch einen Film über die Olympischen Spiele im Kino geben. Den möchte ich gerne anschauen!

Olympische Sommerspiele

1936

Für Hitler waren die Olympischen Sommerspiele 1936 eine gute Gelegenheit, das schlechte Bild Deutschlands aufzupolieren. Denn das Internationale Olympische Komitee zweifelte inzwischen an der bereits 1931 getroffenen Entscheidung, die Spiele in Nazideutschland zu veranstalten. Und so bereiteten sich nicht nur die Athleten auf das sportliche Großereignis vor, auch das Propagandaministerium unter Joseph Goebbels plante die Spiele bis ins Kleinste. Die Olympischen Spiele wurden so aufwendig inszeniert wie nie zuvor.

Mit dem Olympiastadion in Berlin wurde die perfekte beeindruckende Kulisse für die Sportveranstaltungen gebaut. Unweit von Berlin errichtete man das olympische Dorf und nannte es „Dorf des Friedens". Dort wohnten während der Spiele alle männlichen Athleten. Gebaut hat das olympische Dorf die Wehrmacht, die es danach als Kaserne für ihre Soldaten nutzte.

Eine wichtige Rolle spielte auch das brandneue Medium Fernsehen. Der erste deutsche Fernsehsender „Paul Nipkow" sendete live von den Wettkämpfen. Da Fernsehgeräte für eine normale Familie noch viel zu teuer waren, richtete man sogenannte Fernsehstuben ein. Darin konnten ungefähr 30 Personen fernsehen – kostenlos!

Man gab sich weltoffen und fortschrittlich. Selbst Juden durften offiziell an den Olympischen Spielen teilnehmen. Für die Zeit der Spiele wurden zudem alle Hinweise auf die judenfeindliche Politik beseitigt. Doch im Hintergrund wurde dafür gesorgt, dass die jüdischen Athleten nicht zu den Spielen zugelassen wurden. Auch der große Erfolg eines afroamerikanischen Sportstars, Jesse Owens, war der nationalsozialistischen Führung ein Dorn im Auge. Ihrer Ideologie zufolge waren weiße, „arische" Menschen die überlegene Rasse. Das sollte auch der Film der Regisseurin Leni Riefenstahl *Olympia – Fest der Völker* zeigen, den das Propagandaministerium in Auftrag gegeben hatte.

Die Leistungen der deutschen Sportler sollte hervorgehoben werden und damit auch die Größe und Stärke des Deutschen Reichs. Ein neuer Nationalstolz war das Ziel. Nur vier Jahre später waren aus den sportlichen Kämpfen kriegerische geworden.

Joseph Goebbels war als Propagandaminister für die Bereiche Kultur und Medien zuständig.

Leni Riefenstahl: Die Schauspielerin und Regisseurin drehte für das NS-Regime zahlreiche Filme. Einer der berühmtesten ist ihr Film über die Olympischen Spiele im Jahr 1936.

Olympia. Fest der Völker. Filmprogramm

Radiogerät „VE 301 (Volksempfänger

Bei Opa hören wi immer noch mit Kopfhörer Radio aber so ist es bequemer.

…s ich den Lichtdom im Kino noch einmal gesehen habe, hatte ich wieder Gänsehaut. Hoffentlich …rf ich den zweiten Teil, „Fest der Schönheit", auch noch sehen.

Eintrittskarte Olympische Spiele

Erinnerungsmedaille auf die Olympischen Spiele 1936

Olympia 1936. Die Feststraße Unter den Linden im Fahnenschmuck

Ganz Berlin ist im Olympiafieber. Aber nirgendwo ist es so deutlich zu spüren wie Unter den Linden.

Fahrkarte Olympische Spiele

Jesse Owens bei den Olympischen Spielen 1936

Der US-Amerikaner Jesse Owens gewann vier Goldmedaillen. Er wollte in einem Land, das jüdische und dunkelhäutige Sportler diskriminierte, eigentlich gar nicht antreten.

Radiogerät Olympia-Koffer, 1937

Papa hat Opa den tragbaren Olympia-Koffer geschenkt. Jetzt kann er sogar im Park Radio hören. Das liebt er sehr.

Mit dem kleinen Zusatzgerät können wir auch schwächere Sender besser hören.

Steilflanken-Sperrkreis für Volksempfänger

Ursula Richter
16 Jahre

2. Mai
1945

Hoffentlich ist der Krieg bald vorbei. Wir sitzen schon über zwei Wochen fast nur noch im Keller, ohne Strom und fließendes Wasser. Das müssen wir in Eimern holen. Ich habe mich als alte Frau verkleidet, aus Angst vor den russischen Soldaten. Schon vor drei Jahren hat der Krieg Berlin erreicht. Er kam aus der Luft. Ich kann schon nicht mehr sagen, wie viele Luftangriffe es gab. Wir leben in ständiger Angst. Das Geräusch der Sirenen, die den Angriff der alliierten Bomber ankündigen, geht durch Mark und Bein. Wenn sie losheulen, heißt es, alles stehen und liegen zu lassen und so schnell wie möglich in den nächsten Luftschutzkeller zu flüchten. Unserer ist Gott sei Dank ganz nah, denn die Männer unserer Hausgemeinschaft

haben schon vor Jahren den Keller umgebaut. Meine Schule ist zum Krankenhaus geworden. Dort werden verletzte Soldaten gepflegt, darunter ehemalige Schüler, die praktisch aus dem Klassenzimmer in den Krieg ziehen mussten. Auch meine beiden Brüder Günther und Hans wurden einberufen. Günther ist im Januar 1943 in Stalingrad gefallen. Ich kann es noch immer nicht fassen, dass er tot ist. Hans ist vor Kurzem verletzt von der Westfront zurückgekehrt. Ich habe so geweint, als ich ihn gesehen habe. „Kopf hoch – so lange er noch dran ist. Er wird schon wieder", hat Papa gesagt. Und der muss es als Arzt ja wissen. Papa musste nicht an die Front. Er operiert Tag und Nacht im Bunker der Charité.
In unserer Wohnung leben noch Tante Anna mit Peter, weil ihre Wohnung in Berlin-Reinickendorf ausgebombt wurde. Und neuerdings auch Tante Erna und Rolf, die aus Schlesien geflohen sind. Doch auch in Berlin ist es nicht sicher: Bei einem der letzten Luftangriffe wurde unser Haus getroffen. Zerstört wurden vor allem das Dachgeschoss und die Wohnung der Familie Mayer, wo heute die Kochs wohnen. Mit Rahel Mayer war ich früher eng befreundet. Bis wir dann nicht mehr auf dieselbe Schule gehen konnten. Noch vor dem Krieg verreiste sie mit ihren Geschwistern und kam nicht wieder. Und irgendwann war die Wohnung der Mayers leer. Mama hat mir erzählt, Frau Mayer habe bei ihr Gift gekauft. Das ist inzwischen gefragter als Medikamente. Es gehen Gerüchte um, Deutschland werde bald kapitulieren. Die Furcht vor der Rache der Sieger ist groß. Aber ich sehne mich nach einem Leben ohne Krieg.

Zweiter Weltkrieg 1939 bis 1945

1939 Der Zweite Weltkrieg begann mit dem Überfall Deutschlands auf Polen am 1. September 1939. Mit der „Blitzkrieg-Strategie“ gelang es Hitler und seinen Verbündeten Italien und Japan (die Achsenmächte genannt), bis 1942 weite Teile Europas und Nordafrikas einzunehmen. Vor allem der Sieg über Frankreich sorgte in Deutschland für Begeisterung: Die Schmach des Versailler Friedensvertrags, die sich in den Köpfen und Herzen der Deutschen festgesetzt hatte, wurde so getilgt. Mit dem Feldzug gegen die Sowjetunion ab Sommer 1941 begann für Hitler ein „Kreuzzug“ gegen eine feindliche Ideologie – den Kommunismus. Die Sowjetunion war für ihn das Land des „jüdischen Bolschewismus“ und seine Bewohner galten als „Untermenschen“. Hier war das Ziel nicht Eroberung, sondern Auslöschung. Dafür wurden Einsatzgruppen gebildet, die Juden und andere „minderwertige Rassen“, Kriegsgefangene und russische Offiziere töten, die Bevölkerung versklaven und „Lebensraum“ für die „arische Herrenrasse“ gewinnen sollten. Auch dieser Feldzug verlief für die deutsche Wehrmacht zunächst erfolgreich. Doch 1943 kam es bei Stalingrad zu einer verheerenden Niederlage. Der Glaube an den versprochenen „Endsieg“ begann zu bröckeln. Und auch der Angriff der Japaner auf die amerikanische Flotte und die Kriegserklärung Deutschlands und Italiens vom 11. Dezember 1941 an die USA führten zu einer Wende. Die USA – die größte Wirtschaftsmacht der Welt – beteiligte sich auf der Seite der Alliierten (Großbritannien, Frankreich, Sowjetunion, USA) jetzt auch aktiv am Krieg. Zunächst mit Luftangriffen auf deutsche Städte, um den Widerstand in der Bevölkerung zu brechen, später auch mit Angriffen am Boden, mit dem Ziel, das Deutsche Reich zum Aufgeben zu zwingen. Doch es sollte noch fast vier Jahre dauern, bis der Krieg beendet war. Für das Deutsche Reich endete der Zweite Weltkrieg nach einem letzten erbitterten Kampf um Berlin am 8. Mai mit der bedingungslosen Kapitulation. Für den japanischen Bündnispartner endete er erst am 2. September. Im letzten Kriegsmonat hatte die amerikanische Luftwaffe mit mehreren Atombomben Hiroshima und Nagasaki in Schutt und Asche gelegt und radioaktiv verseucht.

Der Zweite Weltkrieg dauerte sechs Jahre, kostete mehr als 60 Millionen Menschen das Leben und zerstörte zahllose Städte und Dörfer. Berlin als Hauptstadt Nazideutschlands traf es besonders hart. Von 1943 an zielten 310 Luftangriffe auf die Stadt, die schwersten davon in den letzten Kriegsmonaten.

Rolf Adler

Erna Adler

Der Kuchen, den mir Mutti zum Jeburtstag jebacken hat, war janz schön bitter. Ick glob, se hat de Eicheln nich lange jenug jewässert. Aber det war en Jeschenk und det is besser als nischt.

Karl Koch, ein Junge aus dem Haus

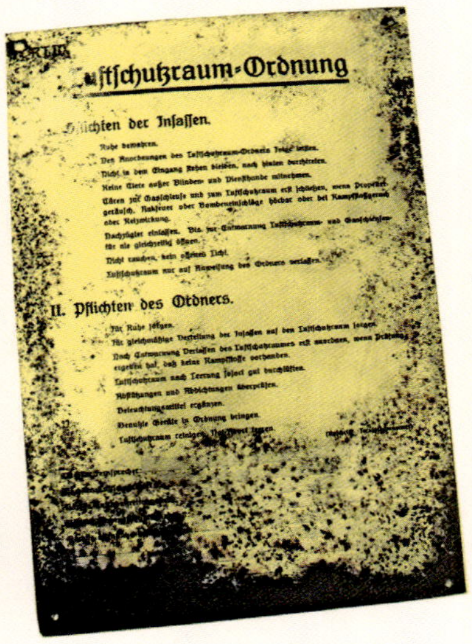

Hinweisschild „Luftschutzraum=Ordnung“

„Ordnung muss sein“, sagte Opa, als er die Regeln für unseren Luftschutzraum aufhängte.

Peter spielt noch immer Luftangriff.

Holzflugzeug nach *Ju 88*

Der „Deutsche Kleinempfänger“ kostete nur noch 35 Reichsmark. Er hieß im Volksmund „Goebbels-Schnauze“. Reichspropagandaminister Goebbels setzte den Rundfunk gezielt ein. Bereits 1933 hatte er befohlen: „Den Rundfunk werden wir in den Dienst unserer Idee stellen. Und keine andere Idee soll hier zu Worte kommen.“

Radiogerät Deutscher Kleinempfänger („Goebbels-Schnauze“)

Ohne Strom können wir nur mit Opas altem Grammofon Musik hören.

Auf Posten in einsamer Nacht
Da steht ein Soldat und hält Wacht
Träumt von Hanne und dem Glück
Das zu Hause blieb zurück
Es geht alles vorüber
Es geht alles vorbei
Auf jeden Dezember
Folgt wieder ein Mai …

Levin Mayer und Ava Mayer

Wir standen auf einer Liste zur Deportation nach Auschwitz. Als wir die schweren Stiefel auf der Treppe hörten, nahmen wir gemeinsam das Gift. Sie haben mich gedemütigt, die Deutschen, die Nazis – obwohl ich im Ersten Weltkrieg für mein Vaterland gekämpft habe. Aber mein Leben, das bekommen sie nicht.

Reichstagsrede Adolf Hitlers zum Kriegsbeginn am 1. September 1939

„Polen hat heute Nacht zum ersten Mal auf unserem eigenen Territorium auch mit bereits regulären Soldaten geschossen. Seit 5.45 Uhr wird jetzt zurückgeschossen!“

Meine Gasmaske liegt immer griffbereit.

Volksgasmaske (1938–1945)

Was für ein Mai: Sonne und milde Temperaturen. In jedem anderen Jahr würde ich mich darüber freuen. Aber wir sitzen schon seit Wochen fast nur noch im Keller. Manchmal ohne Licht und Strom. In einem Koffer das Nötigste.

Jedes Mal, wenn sich die Tür unseres Schutzkellers öffnet, zucke ich zusammen. Ist es ein Russe? Was wird er uns antun? Wir Frauen haben uns vorsichtshalber so hässlich wie möglich gemacht. Aber ich weiß nicht, wer gefährlicher ist: der Russe oder der Nachbarsjunge, der neuerdings mit Gewehr herumläuft, um Berlin zu verteidigen und Vaterlandsverrätern den Garaus zu machen.

Meine Geschwister und ich konnten noch vor dem Krieg mit einem Kindertransport nach London entkommen. Ich habe schrecklich geweint, als wir in den Zug gestiegen sind. In England wurden wir Geschwister getrennt. Mein Bruder kam in ein Heim, wir Mädchen in Familien. Den letzten Brief meiner Eltern trage ich immer bei mir. Ich habe sie nie wieder gesehen.

Das alte Sofa stand auf dem Dachboden. Jetzt ist es unsere Sitz- und Schlafgelegenheit im Luftschutzkeller.

Ursula

Anna Schneider geb. Schwartz, Ursulas Tante, mit Peter

Rahel Mayer

Stepan Simonow, russischer Soldat

Vor Angst geweitete Augen, unterdrückte Schreie. Ist das die Begrüßung für einen Befreier? Ich vergehe mich nicht an den Frauen meiner Feinde. Ich kann nicht noch mehr Leid und Tod ertragen. Davon hatte ich genug für zwei Leben. Aber ich weiß, mancher Kamerad nimmt Rache für all das entsetzliche Leid in der Heimat.

Rudi, ein Nachbarsjunge

Uns Hitlerjungen war es am Ende bestimmt, das Vaterland zu verteidigen – im Volkssturm. Hitler zählte auf mich. Ich habe mit der Panzerfaust viele Panzer geknackt. Dafür habe ich vom Führer persönlich das Eiserne Kreuz verliehen bekommen. Ich trug es auch, als mich eine Kugel in den Rücken traf.

Günther Richter

Blind war ich. Erst Hitlerjunge, dann Soldat. Ich bin in den Krieg gezogen, um unser Reich zu verteidigen. Nicht einmal bei den schlimmsten Gräueltaten habe ich an der Überlegenheit der „arischen Rasse“ gezweifelt. Bereitwillig habe ich gekämpft und getötet. Ich glaubte an den Sieg – bis zur letzten Sekunde. Ich habe mich furchtbar geirrt.

24. Dezember
1948

Ich wohne mit Mama immer noch bei Tante Martha und ihrer Familie, dabei ist der Krieg schon seit drei Jahren vorbei. Und auch Tante Erna und Rolf sind noch hier, denn nach Schlesien können sie nie mehr zurück. Das gehört nämlich nicht mehr zu Deutschland. Im Vergleich zu unseren Nachbarn haben wir es gut. Von Tante Marthas und Onkel Ottos Wohnung steht noch der vordere Teil, nur die Räume hinter dem Dienstboteneingang sind vom Bombeneinschlag zerstört worden. Mama und ich teilen uns ein Zimmer, und auch Tante Erna und Rolf haben einen Raum für sich. In der Wohnung fehlen fast alle Fensterscheiben. Die Fenster haben wir mit Holzbrettern vernagelt. Durch die Ritzen pfeift der Wind. Und auf unserem Balkon leben jetzt Hühner und Kaninchen. Mama sagt, das war auch in ihrer Kindheit so. Sie erzählt häufig von früher, als Berlin noch keine Ruinenstadt und Papa noch bei uns und nicht in Kriegsgefangenschaft war. Jetzt ist Onkel Otto der Mann im Haus. Er achtet darauf, dass wir Jungs – damit meint er Rolf und mich – keine Rabauken werden. Er ist aber fast immer im Krankenhaus, besonders viel Zeit hat er also nicht für uns. Keiner der Erwachsenen hat Zeit. Alle arbeiten immerzu. Wir Kinder spielen meist draußen. Besonders lustig ist es, auf den Flaks Karussell zu fahren oder in den Trümmern verstecken zu spielen – auch wenn das eigentlich verboten und ganz gefährlich ist. Mama und Tante Martha fahren oft nach Brandenburg „hamstern“. Ich freue mich, wenn sie mit Kartoffeln nach Hause kommen, denn Hunger

habe ich eigentlich immer. Aber noch mehr freue ich mich, wenn die großen Flugzeuge über Berlin dröhnen und Süßigkeiten vom Himmel fallen. Ich hatte schon einmal Glück und eine Tafel Schokolade gefunden. Ein Stück habe ich für Rolf als Weihnachtsgeschenk aufgehoben. Hat der Augen gemacht, als ich es ihm gegeben habe!
Vor einigen Tagen haben wir ein Care-Paket bekommen. Mama hat vor Glück ein wenig geweint. Sie gibt mir sonst immer eine größere Portion als sich selbst. Aber heute konnten wir uns endlich einmal alle sattessen. Es gab sogar einen Napfkuchen mit Rosinen. Gott sei Dank waren auch Kerzen im Paket, denn seit der Blockade ist es noch dunkler in Berlin als zuvor. Dafür aber durch die Flugzeuge der Luftbrücke umso lauter.

Peter Schneider
8 Jahre

Nachkriegsjahre und deutsche Teilung

1945 bis 1948

Deutschland wurde nach dem Krieg kleiner, der Rest wurde zwischen den Siegermächten in vier Besatzungszonen aufgeteilt. Die Stadt Berlin selbst lag wie eine Insel mitten in der sowjetischen Zone und bestand ebenfalls aus vier Teilen, Sektoren genannt. Das Zentrum Berlins war eine Ruinenlandschaft. Es fehlte an allem: Wohnraum, Strom, Gas, Kohle, fließendem Wasser und Lebensmitteln. Die Berliner hausten in den wenigen verbliebenen, notdürftig hergerichteten Wohnungen, Kellern oder Baracken. Die Lebensmittelnot konnten „Hamsterfahrten" aufs Land ein wenig lindern. Doch der harte Winter 1946/47 kostete mehr als tausend Berliner das Leben.

Gleich nach Kriegsende begann das große Aufräumen. Schon nach zwei Wochen waren die Hauptstraßen freigeräumt, Verkehr war wieder eingeschränkt möglich. Jetzt waren vor allem die Frauen gefragt. Die Trümmerfrauen, wie man sie später nannte, sammelten Baumaterial aus den Ruinen, kratzten Ziegel ab und stapelten sie für den Wiederaufbau. Viele versorgten ihre Familien ganz allein und taten die schwere Arbeit, um zusätzliche Lebensmittelkarten zu bekommen. Ihre Männer waren im Krieg geblieben, in Kriegsgefangenschaft geraten oder versehrt. Es wurde gesammelt, getauscht, geklaut, improvisiert und organisiert, um das Überleben zu sichern. Der Schwarzmarkt florierte – getauscht wurde gegen Zigaretten, die inoffizielle Währung jener Zeit. Weil sich die vier Siegermächte nicht auf eine gemeinsame Währung einigen konnten, führten die Westmächte im Juni 1948 im Alleingang eine neue Währung, die D-Mark, ein – auch in Berlin. Als Reaktion darauf schnitten sowjetische Truppen die Westsektoren von jeglicher Versorgung ab, indem sie die Zufahrtswege sperrten. Denn alle Wege in die Westsektoren führten durch die sowjetischen Gebiete, und alles, was zur Versorgung der Menschen in Westberlin benötigt wurde, musste aus Westdeutschland durch die Ostgebiete nach Westberlin transportiert werden. Die Westalliierten mussten eine Lösung finden, um die Versorgung in ihren Sektoren zu sichern. Sie taten dies auf dem einzig möglichen Weg – durch die Luft. Die Luftbrücke versorgte über neun Monate die Menschen im Westteil der Stadt. Die Versorgungsflugzeuge nannten die Berliner liebevoll „Rosinenbomber", weil kleine Fallschirme mit Süßigkeiten für die Kinder abgeworfen wurden. Die Berlinblockade war der erste Höhepunkt des 1947 begonnenen „Kalten Krieges", der zwischen den Westmächten und dem sogenannten Ostblock noch bis in das Jahr 1991 nachwirken sollte. Für Deutschland war die doppelte Währungsreform ein Schritt auf dem Weg zu einem geteilten Land.

Klaus, Schulfreund von Peter

Peter Schneider

Die *Douglas C-54*, ein „Rosinenbomber"

Übersichtskarte Berliner Besatzungszonen

Auf meinem Schulweg laufe ich zweimal über die Grenze.

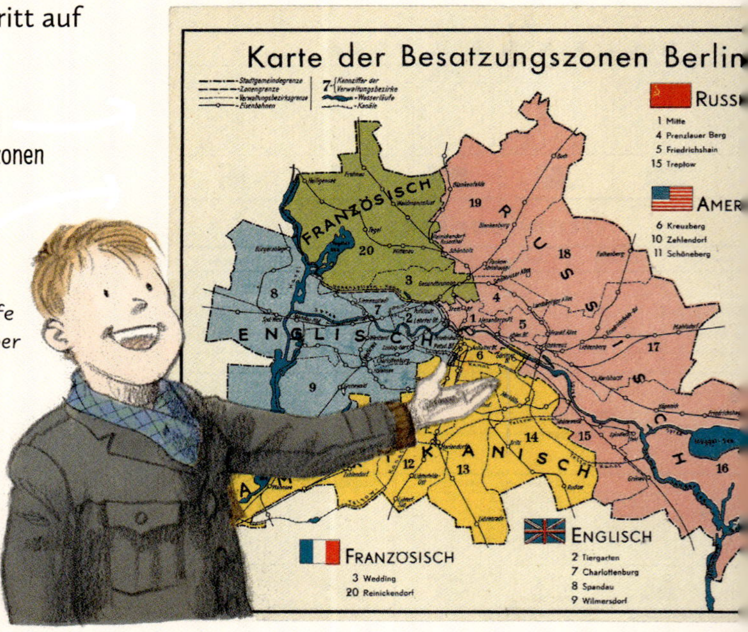

Dieser Essensbehälter enthielt ursprünglich Benzin.

Die Care-Pakete wurden von US-amerikanischen Bürgern während der Berlinblockade verschickt.

Die „Bärenmark“ gibt es nur in Westberlin.

Lebensmittelkarte vom 15.–31. Mai 1945, Brotkarte 15.–31. Mai 1945 von der Stadtverwaltung von Berlin, Abteilung für Ernährung

Ernst Reuter: Der Oberbürgermeister von Berlin machte während der Berlinblockade mit eindringlichen Worten auf die Lage der Stadt aufmerksam. „Völker der Welt, schaut auf diese Stadt!“ Nach der endgültigen Teilung der Stadt war er Regierender Bürgermeister Westberlins.

General Lucius D. Clay: „Vater der Luftbrücke“ Der amerikanische General war als Militärgouverneur des amerikanischen Sektors für die Einrichtung der Berliner Luftbrücke verantwortlich.

Monika Richter
8 Jahre

Berlinale

1959

Schöner als unser Ku'damm kann auch dieser „Brotwei“ in Amerika gar nicht sein. Gestern Abend durfte ich zusammen mit meiner großen Schwester Angelika und Tante Ursula zum ersten Mal mit zum Zoopalast gehen, um die Schauspielerinnen in ihren schönen Kleidern zu betrachten. In Berlin läuft nämlich gerade die Berlinale. „Mehr Prominenz hat selbst Hollywood nicht zu bieten“, hat Angelika gesagt. Und die muss es ja wissen, immerhin ist sie schon zehn Jahre alt und war schon zweimal am roten Teppich dabei. Und sie hat sogar ein Autogramm von Romy Schneider. Das ist ihr größter Schatz. Was war sie sauer, als meine Freundin Susanne und ich es heimlich angeguckt haben! Mama ist heute nicht

mitgekommen, denn mein kleiner Bruder Thomas ist ja noch ein Baby und da kann sie nicht einfach so weggehen. Mama sieht es ohnehin nicht gern, dass Angelika so für die Schauspielerei schwärmt. Sie sagt immer, Angelika soll lieber mehr Wert auf Sauberkeit und Ordnung legen und zu Hause fleißig mithelfen, damit sie später einmal einen Haushalt führen und eine Familie versorgen kann. Mama ist als Hausfrau immer sehr beschäftigt damit, alles schön sauber und ordentlich zu halten. Oma hatte früher noch ein Dienstmädchen und Hilfe bei der großen Wäsche. Mama hat dafür moderne Haushaltsgeräte. Sogar einen Waschvollautomaten! Papa wollte erst keinen kaufen, weil die so teuer sind. Aber weil Thomas jetzt da ist, ließ sich Papa doch erweichen. Denn so ein Baby macht ordentlich viel Wäsche, bei all den Windeln, die gewaschen werden müssen. Manchmal wickele ich meinen Bruder. Das freut Mama und sie sagt dann, dass ich bestimmt mal eine gute Ehefrau und Mutter werde. Aber ich will später auf jeden Fall auch arbeiten gehen. Vielleicht bei den Amerikanern, wie meine Tante Ursula. Doch das sage ich Mama lieber nicht. Sie findet das für eine Frau nämlich nicht schicklich. Und von meiner Lehrerin Fräulein Hagens weiß ich, dass das mit dem Arbeiten manchmal nur bis zur Hochzeit geht. Ihr Verlobter will nämlich, dass sie nach der Hochzeit zu Hause bleibt. Ich finde das gemein! Jetzt bekomme ich eine neue Lehrerin und weiß nicht, ob die auch so nett wie Fräulein Hagens ist.

Wirtschaftswunder

Die 1950er-Jahre

Die 1950er-Jahre waren für Westdeutschland ein Jahrzehnt des wirtschaftlichen Aufschwungs. Das Land liegt nach Kriegsende praktisch in Trümmern, doch gibt es noch funktionierende Industrieanlagen und mit den Kriegsheimkehrern und den Vertriebenen aus den Ostgebieten vor allem auch wieder Arbeitskräfte. Anders als nach dem Ersten Weltkrieg wurden in den Westzonen die noch vorhandenen Fabriken nicht abgebaut und als Reparationen beschlagnahmt, sondern Industrie und Wirtschaft gefördert, um die politische und wirtschaftliche Lage zu stabilisieren. Ein Aufbauprogramm der USA, der Marshallplan, sollte Europa wieder auf die Beine helfen. Ein erster wichtiger Schritt war die Einführung einer neuen Währung im Jahr 1948. Er leitete auch die Teilung Deutschlands ein, die ein Jahr später mit der Gründung der Bundesrepublik Deutschland und der Deutschen Demokratischen Republik (DDR) vollzogen wurde. Mitten durch Berlin lief nun eine Grenze.

Die USA investierten ein wahres Vermögen in ihr Aufbauprogramm – in Form von Geldzahlungen, Krediten, Rohstoffen und Waren. Ganz uneigennützig waren die Anstrengungen der Amerikaner nicht. Zwischen den USA und der Sowjetunion war eine andere Art Krieg entstanden, der als „Kalter Krieg" bezeichnet wurde. Die USA benötigten Europa als starken Verbündeten. Die UdSSR war jetzt eine Bedrohung. Westdeutschland und Westberlin profitierten in besonderer Weise von dieser Hilfe, wobei der Korea-Krieg diese besonders anschob. Die DDR hingegen war davon abgeschnitten. Im Laufe eines Jahrzehnts wuchs der Wohlstand der Bürger Westdeutschlands wie nie zuvor. Was als „Wirtschaftswunder" in die Geschichte einging, war vor allem das Ergebnis von Wirtschaftshilfe und ungeheurem Aufbauwillen.

Ein wirkliches Wunder ereignete sich dagegen im schweizerischen Bern: 1954 wurde Deutschland überraschend Fußballweltmeister. Das gemeinschaftliche „Wir sind wieder wer"-Gefühl nach dem Sieg unterstützte die allgemeine Aufbruchstimmung. Die Menschen hatten wieder Arbeit und konnten sich etwas leisten. Viele Dinge, die heute selbstverständlich sind, fanden damals den Weg in die Familien – Fernsehen, Auto, Urlaubsreise, Schallplatten und Tanzvergnügen. Frauen, die während des Krieges und danach in vielen Bereichen gearbeitet hatten, wurden nun an den heimischen Herd zurückgeschickt.

Anfang der 1950er-Jahre wurde die Lebensmittelkarte abgeschafft, Mitte des Jahrzehnts kehrten die letzten Kriegsgefangenen aus Russland zurück nach Hause. Westberlin glänzte wieder bei der Berlinale, mit Autorennen auf der AVUS und der neuen Flaniermeile auf dem Ku'damm.

Hans

Werbung für Möbelpolitur

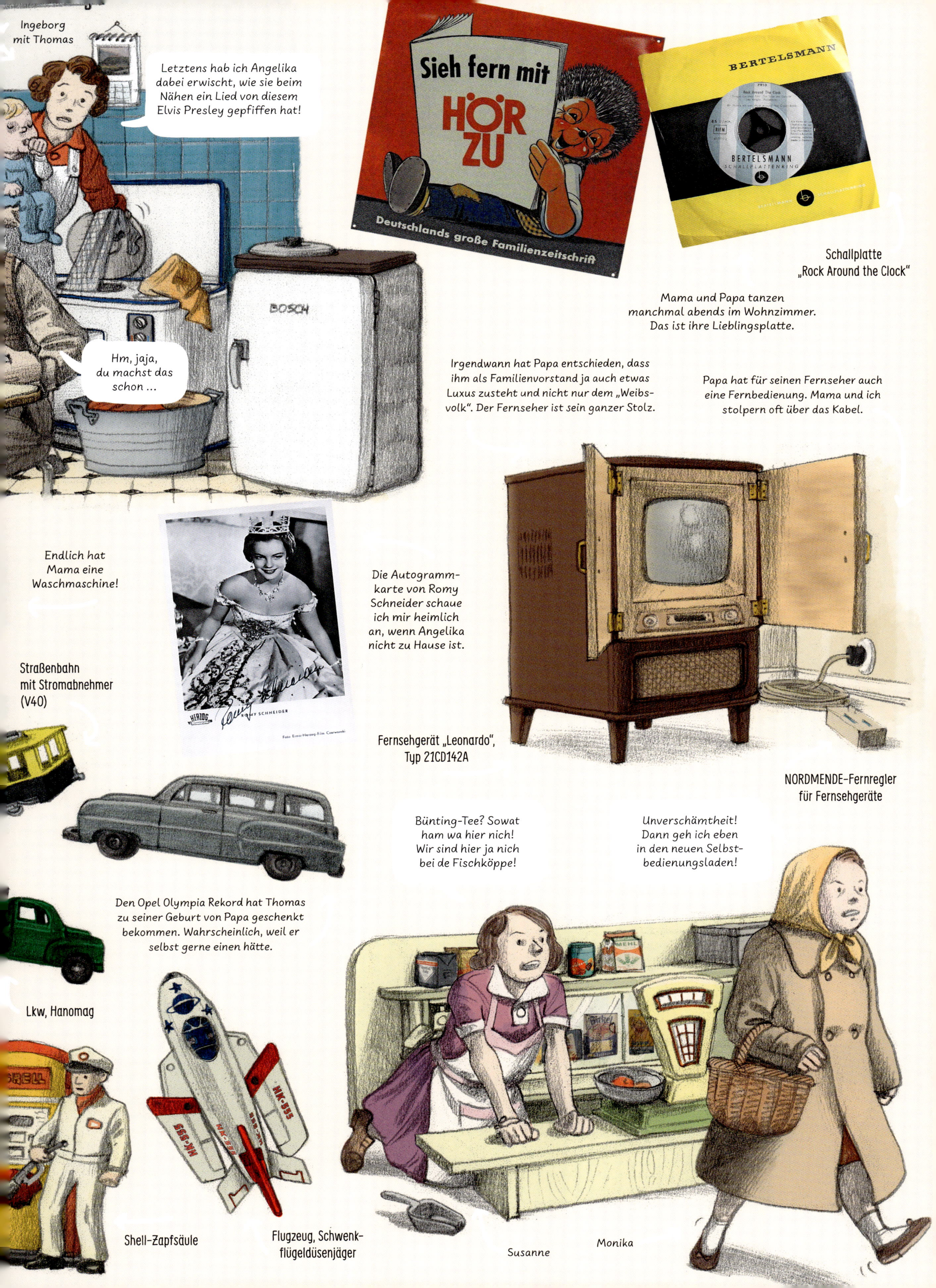
Ingeborg mit Thomas
Letztens hab ich Angelika dabei erwischt, wie sie beim Nähen ein Lied von diesem Elvis Presley gepfiffen hat!
Hm, jaja, du machst das schon …
BOSCH
Sieh fern mit
HÖR ZU
Deutschlands große Familienzeitschrift
BERTELSMANN
BERTELSMANN SCHALLPLATTENRING
Schallplatte „Rock Around the Clock“
Mama und Papa tanzen manchmal abends im Wohnzimmer. Das ist ihre Lieblingsplatte.
Irgendwann hat Papa entschieden, dass ihm als Familienvorstand ja auch etwas Luxus zusteht und nicht nur dem „Weibsvolk“. Der Fernseher ist sein ganzer Stolz.
Papa hat für seinen Fernseher auch eine Fernbedienung. Mama und ich stolpern oft über das Kabel.
Endlich hat Mama eine Waschmaschine!
Die Autogrammkarte von Romy Schneider schaue ich mir heimlich an, wenn Angelika nicht zu Hause ist.
ROMY SCHNEIDER
Straßenbahn mit Stromabnehmer (V40)
Fernsehgerät „Leonardo“, Typ 21CD142A
NORDMENDE-Fernregler für Fernsehgeräte
Bünting-Tee? Sowat ham wa hier nich! Wir sind hier ja nich bei de Fischköppe!
Unverschämtheit! Dann geh ich eben in den neuen Selbstbedienungsladen!
Den Opel Olympia Rekord hat Thomas zu seiner Geburt von Papa geschenkt bekommen. Wahrscheinlich, weil er selbst gerne einen hätte.
Lkw, Hanomag
SHELL
HK-555
Shell-Zapfsäule
Flugzeug, Schwenkflügeldüsenjäger
Susanne
Monika

Monika Richter
10 Jahre

13. August
1961

Meine Freundin Susanne ist heute nicht gekommen. Dabei waren wir doch verabredet, wie fast jeden Tag jetzt in den Sommerferien! Falls sie nicht mit den Pionieren unterwegs ist, um bei der Kartoffelernte zu helfen oder sonst was. Wir sind ständig auf Achse: im Treptower Park, im Tiergarten und sogar auf dem Rummel zum ersten Deutsch-Amerikanischen Volksfest in Zehlendorf. Mutti hat mir aus ihrer Haushaltskasse sogar 50 Pfennige mitgegeben und so konnten wir Karussell fahren und Eiskrem essen. Heute wollten wir zum Schwimmen an den Wannsee fahren, obwohl Sonntag, also eigentlich Familientag, ist. Doch welch ein Glück: Papa muss sich um wichtige Angelegenheiten in seiner Apotheke

kümmern. Deshalb durfte ich mich mit Susanne verabreden. Wir wollten uns am Lehrter Bahnhof treffen. Aber Susanne kam nicht und die S-Bahn kam auch nicht. Ich habe sooo lange gewartet. Dabei habe ich die Menschen am Bahnsteig beobachtet. Viele waren ganz aufgeregt und haben etwas von einer Mauer gesagt, die in Berlin gebaut wird. Irgendwann hat mir ein älterer Herr die Hand auf die Schulter gelegt und gesagt: „Jehn se nach Hause, junget Fräulein. Die S-Bahn kommt heut nich mehr. Wenn se überhaupt jemals wieder kommt." Da hab ich dann aufgegeben, meine Sachen genommen und bin nach Hause gelaufen. Mama hat sich gewundert, dass ich so schnell wieder angetrabt kam. Sie wusste auch nicht, warum keine S-Bahn fährt. In Susannes Haus gibt es keinen Telefonanschluss, sonst hätte ich schnell mal anrufen können und fragen, wo sie abgeblieben ist. Wir haben ein Telefon in der Apotheke. Manchmal rufen darauf auch Verwandte unserer Nachbarn an und melden ein Telefonat an. Dann müssen wir Kinder immer schnell klingeln gehen und den Nachbarn Bescheid sagen. Papa sagt manchmal, würde er für jeden Anruf eine Mark verlangen, wäre er bald steinreich.
Da kommt Papa herein, dabei wollte er den ganzen Sonntag arbeiten und es ist noch nicht mal Zeit fürs Mittagessen. Aber wieso schaut er denn so bedröppelt und stürzt direkt zu unserem Radio? Ich muss ihn gleich mal fragen, was los ist.

Mauerbau

1961

Berlin im Sommer 1961 – die Stadt besteht noch immer aus vier Sektoren mit zwei politischen Systemen und zwei Währungen. Noch sind die Grenzen offen, viele Menschen pendeln täglich über die Grenze zur Arbeit. Das lohnt sich vor allem für jene, die im Osten wohnen und im Westen arbeiten. Jede im Westen verdiente Mark entspricht vier Ostmark. Und so verwundert es nicht, dass auch umgekehrt ein reger Grenzverkehr von West nach Ost herrscht – vor allem zum Einkaufen, Haare schneiden oder auch zum Arbeiten und Studieren.

Der politischen Führung der DDR war dieser Grenzverkehr ein Dorn im Auge. Vor allem, da zahlreiche Bürger und Bürgerinnen für immer ihre ostdeutsche Heimat verließen, um im „goldenen Westen" zu leben. Erste Anlaufstelle für diese Menschen war das Notaufnahmelager in Marienfelde – doch das war nicht golden, sondern überfüllt.

Schon ein Jahrzehnt zuvor war es am 17. Juni 1953 zu Demonstrationen im Ostsektor gekommen. In Ostberlin ließ die politische Führung diese mit Gewalt niederschlagen – zahlreiche Menschen wurden verhaftet, verletzt oder sogar getötet. Der politische Gegner aus dem Westen wurde für die Aufstände verantwortlich gemacht. Desgleichen für die Fluchtwelle von gut ausgebildeten ostdeutschen Menschen, wie Ärztinnen oder Ingenieure, in den westlichen Teil Deutschlands. Die Propaganda sprach sogar davon, dass die Bundesrepublik einen bewaffneten Überfall und die Übernahme der DDR plane. So wurde der Mauerbau und damit die Schließung der Grenze zum feindlichen Westen am 13. August 1961 begründet. Die Mauer trennte von einem Tag auf den anderen Arbeitskolleginnen, Familien, Freundinnen und Liebende voneinander.

Zur Grenzbewachung wurden Soldaten eingesetzt. An Häusern, die direkt an die Mauer grenzten, wurden Fenster und Türen gen Westen vermauert, um mögliche Fluchtwege zu verschließen. Doch gerade in den ersten Monaten kam es noch zu zahlreichen gelungenen Fluchtversuchen. Mauer und Stacheldraht konnten dies nicht verhindern. Deshalb wurden die Grenzanlagen weiter ausgebaut und perfektioniert. Häuser im Grenzbereich wurden geräumt und abgerissen, um eine leicht einsehbare freie Fläche zu schaffen – den sogenannten Todesstreifen. Wenige Tage nach Grenzschließung wurden die Grenzposten verpflichtet, Flüchtende mit Waffengewalt an der Grenzüberschreitung in die Bundesrepublik zu hindern. Zahlreiche Menschen bezahlten ihren Fluchtversuch mit dem Leben. Die deutsche Teilung durch die Mauer sollte 28 Jahre lang dauern: bis zum Jahr 1989.

Hans Richter

Nachdem Moni ihrer Freundin noch einmal zuwinken konnte, habe ich sie nach Hause gebracht und bin an der Grenze entlanggelaufen. Ein schreckliches Bild. Stacheldraht, wohin man schaut.

Walter Ulbricht, Staats- und Parteichef der DDR (1961)

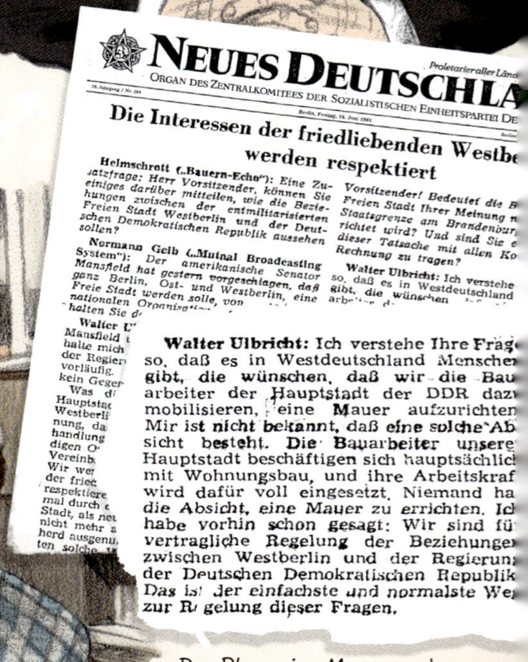

NEUES DEUTSCHLA

ORGAN DES ZENTRALKOMITEES DER SOZIALISTISCHEN EINHEITSPARTEI DE

Die Interessen der friedliebenden Westbe
werden respektiert

Helmschrott („Bauern-Echo"): *Eine Zusatzfrage: Herr Vorsitzender, können Sie einiges darüber mitteilen, wie die Beziehungen zwischen der entmilitarisierten Freien Stadt Westberlin und der Deutschen Demokratischen Republik aussehen sollen?*

Normann Gelb („Mutual Broadcasting System"): *Der amerikanische Senator Mansfield hat gestern vorgeschlagen, daß ganz Berlin, Ost- und Westberlin, eine Freie Stadt werden solle, von ...*

... Vorsitzender! Bedeutet die B... Freien Stadt Ihrer Meinung n... Staatsgrenze am Brandenbur... richtet wird? Und sind Sie e... dieser Tatsache mit allen Ko... Rechnung zu tragen?

Walter Ulbricht: Ich verstehe Ihre Frage so, daß es in Westdeutschland Menschen gibt, die wünschen, daß wir die Bauarbeiter der Hauptstadt der DDR dazu mobilisieren, eine Mauer aufzurichten. Mir ist nicht bekannt, daß eine solche Absicht besteht. Die Bauarbeiter unserer Hauptstadt beschäftigen sich hauptsächlich mit Wohnungsbau, und ihre Arbeitskraft wird dafür voll eingesetzt. Niemand hat die Absicht, eine Mauer zu errichten. Ich habe vorhin schon gesagt: Wir sind für vertragliche Regelung der Beziehungen zwischen Westberlin und der Regierung der Deutschen Demokratischen Republik. Das ist der einfachste und normalste Weg zur Regelung dieser Fragen.

Der Plan, eine Mauer zu bauen, wurde lange Zeit bestritten.

Papa hat neuerdings eine „Graue Maus" in seiner Apotheke.

Elisabeth Bremer

Schon seit dem Krieg arbeite ich in der
›otheke der Familie Richter, damals noch
ei der alten Chefin. Und jetzt komme ich
cht mehr rüber. Was die Nachbarn wohl
ratschen werden. Die haben mir meine
gut bezahlte Stelle immer geneidet.

Sabine Kerner (Tochter der Nachbarn)

Ich bin häufig bei meiner Omi in Mahlsdorf. Vor allem in den Ferien, wenn Mami und Papi arbeiten müssen. Dort gibt es einen schönen Garten und Omi kocht auch immer lecker für mich – Grießbrei mit Apfelkompott. Aber ohne Mami und Papi für immer dableiben will ich nicht.

Heinz und Irmgard Kerner (Eltern von Sabine)

An dem Tag, an dem plötzlich die Grenzen dichtgemacht wurden, hatten wir furchtbare Angst, unsere Sabine nie wieder zu sehen. Sie war doch gerade bei der Oma in Ostberlin!

Als Grenzer war ick von Anfang an bei der Errichtung vom antifaschistischen Schutzwall dabei. Zur Sicherung der Arbeeten und um ufzupassen, dat sich keen Arbeeter ausm Staub macht. Bei meen Kolleje is mir dit nich jelungen und ick konnt nur noch staunen, wie er in Uniform und Waffe übern Stacheldraht hüppt. Ick war zuerst entrüstet. Manchmal denk ick mir: Hättste dir och mal jetraut. Aber ick hatte doch mein Minchen un den Kleen daheeme.

Dieter Böhm (26 Jahre)

Alle freien Menschen, wo immer sie leben mögen, sind Bürger dieser Stadt Berlin, und deshalb bin ich als freier Mann stolz darauf, sagen zu können: Ich bin ein Berliner.

John F. Kennedy, Präsident der Vereinigten Staaten von Amerika (1963)

Gesamtlänge der innerdeutschen Grenze: **1376 km**

Gesamtlänge der Grenze zu Westberlin: **155 km**

Grenze durch Berlin: **43 km**

Selbstschussanlagen (zwischen 1971 und 1984): etwa **55000**

Verlegte Minen an der Grenze: rund **1,3–1,4 Mio.**

Todesopfer an der Mauer: mindestens **140**

Todesopfer an der innerdeutschen Grenze: mindestens **260**

Zahl der erfolgreichen Fluchtversuche nach dem Bau der Mauer: etwa **180000**

Zahl der legalen Ausreisen aus der DDR nach Westdeutschland (1961–1989): etwa **727000**

BERLINER MORGENPOST

John F. Kennedy: „Ich bin stolz, ein Berliner zu sein!“

Eineinhalb Millionen Menschen jubelten dem Präsidenten zu

Wichtiges vom Tage

Ulbrichts

Die Mauer steht immer noch, aber mit so einem Zettel kann ich vielleicht Susanne bald mal besuchen.

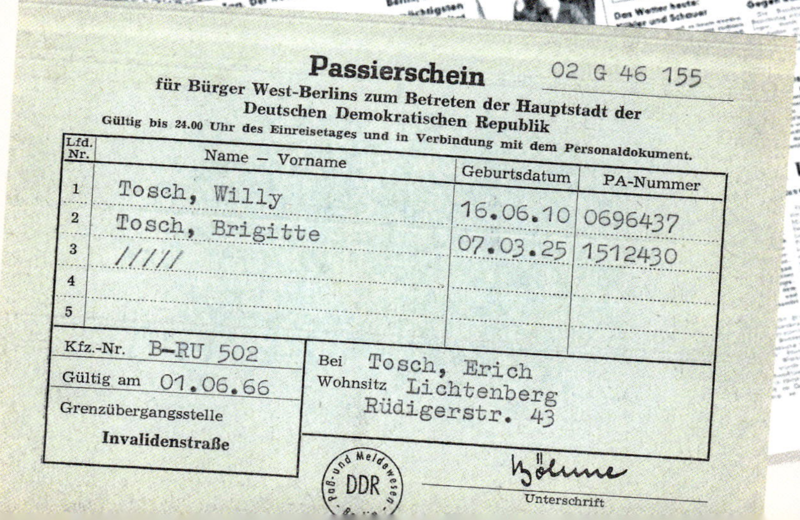

Passierschein 02 G 46 155

für Bürger West-Berlins zum Betreten der Hauptstadt der Deutschen Demokratischen Republik

Gültig bis 24.00 Uhr des Einreisetages und in Verbindung mit dem Personaldokument.

Lfd. Nr.	Name – Vorname	Geburtsdatum	PA-Nummer
1	Tosch, Willy	16.06.10	0696437
2	Tosch, Brigitte	07.03.25	1512430
3	/////		
4			
5			

Kfz.-Nr. B-RU 502

Gültig am 01.06.66

Grenzübergangsstelle Invalidenstraße

Bei Tosch, Erich
Wohnsitz Lichtenberg
Rüdigerstr. 43

DDR

Unterschrift

Thomas Richter
10 Jahre

30. August
1968

Heute habe ich meine Schwester Monika mit ihrem Freund Klaus getroffen und er hat mir ein Eis spendiert. Klaus ist ein super Typ. Er hat lange Haare und sieht fast wie John Lennon von den Beatles aus. Er ist ein paar Jahre älter als Moni und studiert an der Freien Universität. Dort ist er auch politisch aktiv. Er sagt immer, er kämpfe gegen das Establishment. Keine Ahnung, was das sein soll. Als ich ihn gefragt habe, hat er mir über den Kopf gestrichen und gesagt: „Das verstehst du schon irgendwann. Wichtig ist nur: Trau keinem über 30."

Er erzählt immer spannende Geschichten von den ganzen Aktionen des Studentenbunds, bei denen er mitmacht. Er

kennt sogar Rudi Dutschke persönlich und hat mit ihm schon in Charlottenburg in der Gaststube Wilhelm Hoeck Teebeutel an die Decke geworfen. Klaus demonstriert auch mit den anderen Studenten gegen den Vietnamkrieg, in der letzten Zeit meist zusammen mit meiner Schwester Moni. Und gegen Krieg bin ich auch! Ich war sogar schon mal bei einer Demonstration dabei, letzte Woche erst. Da haben wir schulfrei bekommen, um gegen die sowjetische Invasion der Tschechoslowakei zu demonstrieren.

Mama mag Klaus nicht besonders. Ich glaube, weil er lange Haare hat und Beatmusik hört. Die kann Mama nicht leiden. Sie hört lieber Schlager. Bei der Hausarbeit legt sie vor allem Roy Black oder Heintje auf, wenn sie nicht gerade einem Radioprogramm lauscht.

Ihrer Meinung nach ist Klaus auch daran schuld, dass die Röcke meiner Schwester neuerdings so kurz sind. Das sehen Mama und Papa nicht so gerne, weil sie sich immer Sorgen machen, was die Nachbarn sagen. Aber wirklich Ärger gab es letztens für Moni, als sie mit einem Knutschfleck nach Hause gekommen ist. Da hat ihr Papa sogar eine Backpfeife verpasst. Daraufhin ist sie wütend in ihr Zimmer gerannt und hat Mama und Papa „verklemmte Spießer“ und „verkappte Nazis“ genannt. Danach hatte sie zwei Wochen Hausarrest und Klaus durfte auch nicht zu Besuch kommen. Da war aber eine Stimmung bei uns zu Haus – die Luft war so dick wie in Ostberlin und so geladen wie in Westberlin.

Jugendbewegung, Frauenbewegung

1968

Nicht nur in Deutschland waren die 1960er-Jahre eine Zeit der Rebellion und des Protests – vor allem der Jugend. Die „68er" waren die erste Nachkriegsgeneration, das heißt, ihre Eltern hatten den Krieg miterlebt und waren vielleicht sogar überzeugte Nationalsozialisten und Mitglieder der NSDAP gewesen. Das galt auch für führende Politiker und Professoren an den Hochschulen. Aber über die Nazivergangenheit Deutschlands wurde kaum noch gesprochen. Viele Studierende kritisierten das vehement und forderten mit Transparenten wie „Unter den Talaren der Muff von 1000 Jahren" die Diskussion über „reaktionäre Positionen" und die NS-Vergangenheit ihrer Professoren. Sie setzten sich auch für demokratischere Strukturen, zeitgemäße Studieninhalte, bessere Studienbedingungen und den Zugang zu Bildung unabhängig von Einkommen und Beruf der Eltern ein.

Gleichzeitig standen alle Zeichen wieder auf Krieg. Ost und West belauerten sich im „Kalten Krieg" – nirgendwo war dies eindrücklicher zu erleben als in Berlin –, und die Amerikaner kämpften in Vietnam. In der Bundesrepublik sahen vor allem linke Studentinnen und Studenten durch die große Koalition (CDU/CSU und SPD) die Demokratie in Gefahr, denn diese hatte im ohnehin nur aus drei Parteien bestehenden Bundestag eine überwältigende Mehrheit und war damit in der Lage, grundlegende Entscheidungen durchzusetzen. So wurde u. a. eine Ergänzung des Grundgesetzes um eine Notstandsverfassung beschlossen, um den Staat in Krisensituationen handlungsfähig zu machen. Das erinnerte viele fatal an das Ermächtigungsgesetz von 1933, und zahlreiche Studenten und Studentinnen gingen dagegen auf die Straße. Die Demonstrationen waren zunächst friedlich, doch nachdem ein Polizist am 2. Juni 1967 in Westberlin während eines Protestzugs gegen den Staatsbesuch des persischen Schahs den Studenten Benno Ohnesorg erschossen hatte, wurde der Protest zunehmend radikaler. Vor allem in Berlin beherrschten die Straßenschlachten zwischen Studierenden und der Polizei über Monate hinweg das Geschehen. Am 11. April 1968 wurde die Symbolfigur des Studentenprotests Rudi Dutschke angeschossen und schwer verletzt. Das trieb an den Osterfeiertagen 1968 Hunderttausende Demonstranten in ganz Deutschland auf die Straße. Ein kleiner Teil der 68er-Bewegung radikalisierte sich in den folgenden Jahren und hielt die Bundesrepublik mit gewaltsamen Aktionen wie der Entführung von Politikern und Wirtschaftsbossen in Atem. Die überwiegende Mehrheit versuchte weiterhin, Politik und Gesellschaft mit demokratischen Mitteln zu verändern. Die ganz große Revolution ist ausgeblieben, aber die Proteste der 68er-Bewegung haben zu entscheidenden Veränderungen geführt: mehr Frauenrechte, größere sexuelle Freizügigkeit, eine weniger strenge Kindererziehung, und auch in der Kleiderwahl gibt es seitdem mehr Freiheiten.

Willy Brandt, Vizekanzler, Außenminister und späterer Bundeskanzler

„Wir müssen um Frieden und Verständigung ringen, nicht nur nach außen, sondern auch nach innen. [...] Reißen wir die Fenster auf, um frische Luft hereinzulassen, aber die Fensterscheiben können heile bleiben." (1. Mai 1968)

Rudi Dutschke

Nachdem Rudi Dutschke, Student und Identifikationsfigur des Sozialistischen Deutschen Studentenbunds (SDS), im April 1968 angeschossen wurde, nahm die Gewalt bei den Demonstrationen deutlich zu. Die Studenten machten die Hetze der Springer-Presse, vor allem der BILD-Zeitung, für das Attentat verantwortlich.

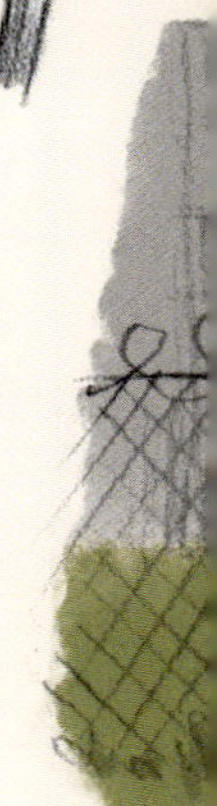

1969 wurde in Ostberlin der Fernsehturm fertig gebaut. Von oben kann man über die ganze Stadt blicken, er ist das höchste Bauwerk Deutschlands.

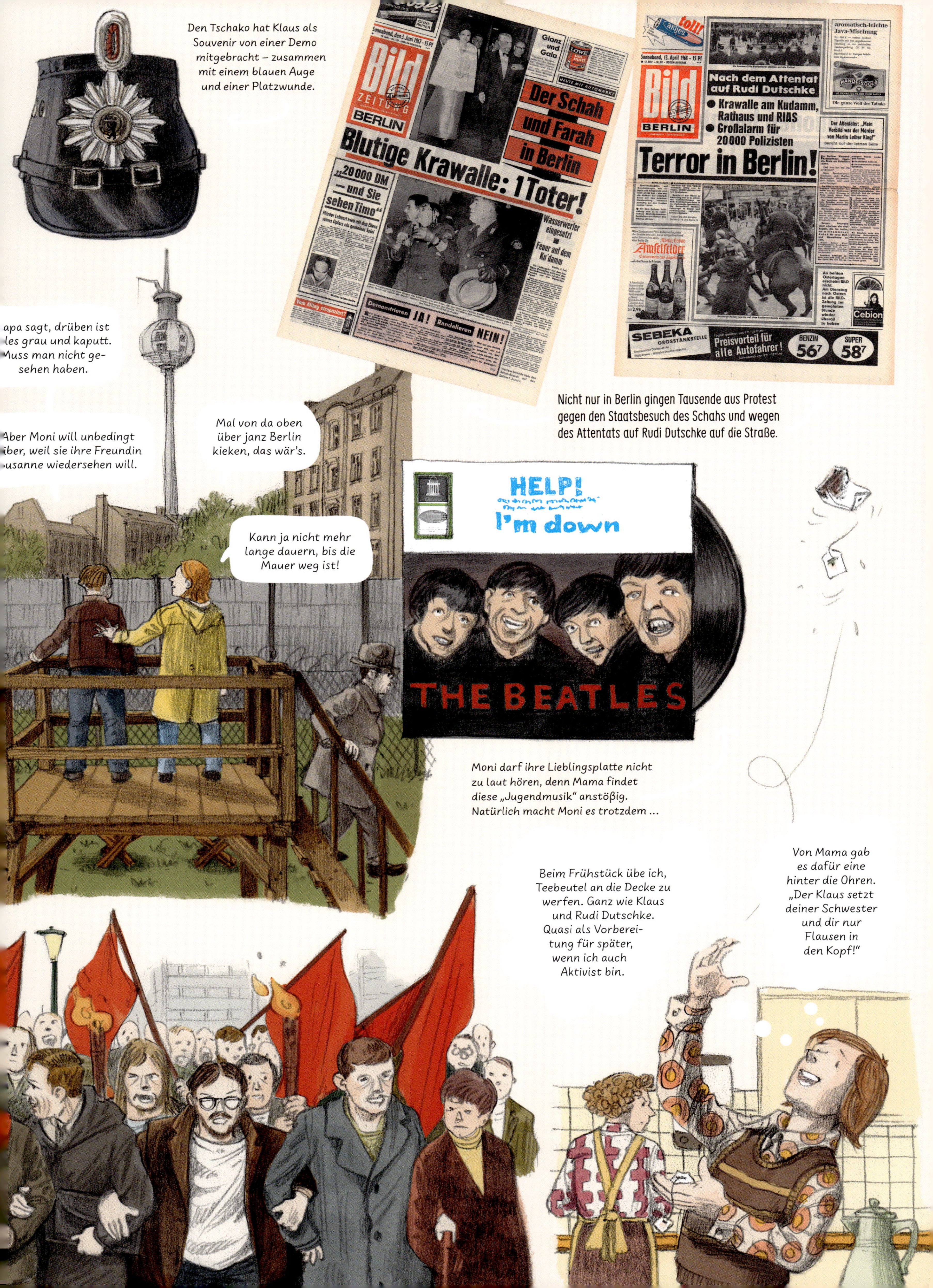
Den Tschako hat Klaus als Souvenir von einer Demo mitgebracht – zusammen mit einem blauen Auge und einer Platzwunde.
Bild Zeitung BERLIN
Der Schah und Farah in Berlin
Glanz und Gala
Blutige Krawalle: 1 Toter!
„20000 DM – und Sie sehen Timo“
Wasserwerfer eingesetzt
Feuer auf dem Ku'damm
Demonstrieren JA! Randalieren NEIN!
Bild BERLIN
Nach dem Attentat auf Rudi Dutschke
Krawalle am Kudamm, Rathaus und RIAS
Großalarm für 20000 Polizisten
Terror in Berlin!
aromatisch-leichte Java-Mischung
SEBEKA GROSSTANKSTELLE
Preisvorteil für alle Autofahrer!
BENZIN 56⁷ SUPER 58⁷
Nicht nur in Berlin gingen Tausende aus Protest gegen den Staatsbesuch des Schahs und wegen des Attentats auf Rudi Dutschke auf die Straße.
apa sagt, drüben ist les grau und kaputt. Muss man nicht gesehen haben.
Aber Moni will unbedingt iber, weil sie ihre Freundin usanne wiedersehen will.
Mal von da oben über janz Berlin kieken, das wär's.
Kann ja nicht mehr lange dauern, bis die Mauer weg ist!
HELP!
I'm down
THE BEATLES
Moni darf ihre Lieblingsplatte nicht zu laut hören, denn Mama findet diese „Jugendmusik“ anstößig. Natürlich macht Moni es trotzdem …
Beim Frühstück übe ich, Teebeutel an die Decke zu werfen. Ganz wie Klaus und Rudi Dutschke. Quasi als Vorbereitung für später, wenn ich auch Aktivist bin.
Von Mama gab es dafür eine hinter die Ohren. „Der Klaus setzt deiner Schwester und dir nur Flausen in den Kopf!“

8. Juli

1981

Heute durfte ich mit Onkel Thomas und seiner Freundin Sabine auf den Dachboden steigen. Onkel Thomas mag es gar nicht, wenn ich ihn Onkel nenne. Das findet er spießig. Er sagt immer, so wie er sieht doch wohl kein Onkel aus. Das stimmt auch: Er und seine Freundin hören Punkmusik und tragen Lederjacken und zerrissene Jeans. Sabine trägt sogar einen Iro und hat als Haustier eine Ratte. Wobei Haustier gar nicht so richtig passt, denn sie schleppt Dee Dee – so heißt ihre Ratte – immer mit sich herum. Mama findet Ratten eklig. Deshalb fürchtet sie sich auch vor Dee Dee, dabei ist die voll niedlich! Sie war natürlich heute auf dem Dachboden auch mit dabei.

Ich finde den dunklen Dachboden etwas gruselig, aber auch total spannend. Dort lagert lauter alter Krams, Kisten mit Kleidern und auch noch ein paar Möbel. Wegen der Möbel sind wir auch hochgekommen. Onkel Thomas meinte, er könne sich noch an ein altes Sofa erinnern, das da nutzlos rumstehen würde. Ich weiß, welches Sofa er meint: Ich habe das olle Ding erst letzte Woche gesehen, als ich mit Mutti eine Vase, ein Geschenk meiner Oma, hochgebracht habe. „Das hässliche Teil will ich nicht länger in unserer Wohnung haben. Aber verrate es nicht Oma!“, hat sie zu mir gesagt. Mit Mama war ich nur ganz kurz auf dem Dachboden, weil hier so viele Spinnweben hängen und alles voller Staub ist. Deshalb sollte ich auch nichts anfassen. Das Sofa stand begraben unter tausend anderen Sachen. Zusammen mit

Onkel Thomas und Sabine hatte ich endlich mal die Gelegenheit, in die Kisten zu schauen. In der alten Kleidertruhe haben wir ein seltsames Ding gefunden. Sabine hat es direkt anprobiert. Onkel Thomas hat mir erklärt, dass das ein Mieder ist und früher alle Frauen in so was eingeschnürt wurden. Er muss es wissen, immerhin studiert er an der Freien Universität Geschichte.
Wir waren fast eine Stunde auf dem Dachboden und haben allerhand Sachen für die WG von Onkel Thomas' besetztem Haus finden können. Das alte Sofa will er morgen mit einem Freund abholen. Vielleicht darf ich dann noch mal mit nach oben kommen!

Nicole Nowak
10 Jahre

Westberlin als Insel

1981 Westberlin war fast 30 Jahre lang von der Mauer eingeschlossen. Hoch oben auf dem Teufelsberg leuchtete weiß die amerikanische Abhörzentrale – noch heute ein Symbol für den Kalten Krieg. Nirgendwo waren die Spannungen zwischen Ost und West so unmittelbar zu spüren wie in Berlin. An den Grenzübergängen der Stadt standen sich im Oktober 1961 russische und amerikanische Panzer direkt gegenüber. Trotz oder vielleicht auch wegen der ständigen Bedrohung pulsierte das Leben in der Stadt. Vor allem Schöneberg und Kreuzberg waren für ihre Kneipen, Clubs und Diskotheken bekannt. Bis in den Morgen konnte gefeiert werden, eine Sperrstunde gab es nicht. Westberlin, die Insel mitten im Feindesland, hatte so manchen Sonderstatus und wurde von der Bundesrepublik finanziell unterstützt. Sie war Fluchtort für (Lebens-)Künstler und Künstlerinnen, Kriegsdienstverweigerer und andere Freigeister – nicht nur aus Westdeutschland. Wie in den „Goldenen Zwanzigern" war Berlin auch in den 1970er-Jahren für die Möglichkeit, ein selbstbestimmtes Leben führen zu können, in aller Welt bekannt. Das zog auch Stars wie David Bowie und Iggy Pop in die Stadt. Doch wo sollten all die „Neuberliner" wohnen? Auch wenn Berlins Grenzen eng waren, an Wohnraum mangelte es in jener Zeit nicht, zahlreiche alte Häuser standen leer und warteten auf ihren Abriss.

Ursprünglich sollten sie einer Stadtautobahn und Neubauten Platz machen. Doch die Pläne stießen auf Protest. Es kam zu zahlreichen Hausbesetzungen. Zeitweilig waren mindestens 160 Westberliner Häuser besetzt. Einige konnten so vor dem Abriss gerettet werden. Viele wurden mit Gewalt geräumt und zerstört. Die für 1987 in Westberlin geplante Internationale Bauausstellung ging bei der Stadterneuerung neue Wege. Nicht mehr der komplette Abriss war das Ziel, sondern eine Kombination aus Erhaltung und Neubau. Statt Straßenbahnen fuhren in Westberlin Busse. Die S-Bahn spielte im Stadtverkehr schon lange keine Rolle mehr, weil sie der DDR gehörte. Die Stadtplanung war stattdessen vor allem auf den Autoverkehr ausgerichtet. Für Fußgänger wurden eigene Bereiche eingerichtet: die Fußgängerzonen. Auch für Kinder wurde der Westteil der Stadt durch den zunehmenden Verkehr gefährlicher. Noch vor 20 Jahren war es selbstverständlich, dass sich Kinder frei in der Stadt bewegten und sogar in den verbliebenen Trümmern spielten. Jetzt war das undenkbar geworden: viel zu gefährlich im Verkehrsgetümmel! Dafür gab es immer mehr abgegrenzte sichere Orte für Kinder: die Spielplätze.

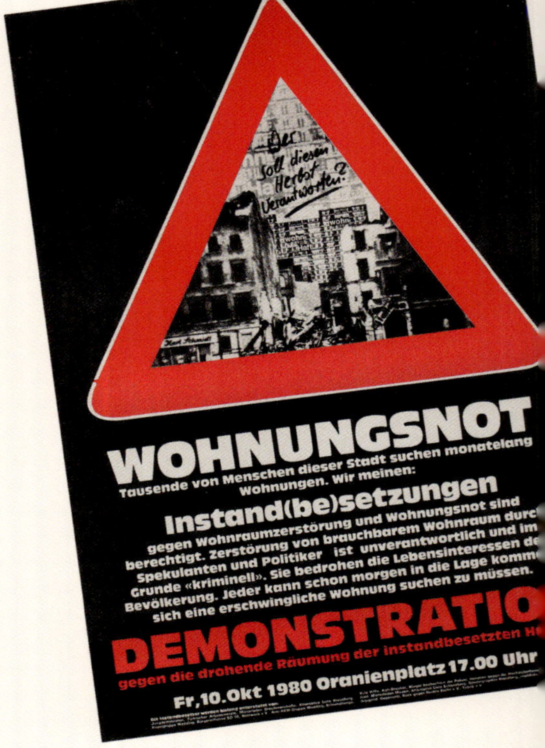

Ton Steine Scherben und die Ramones sind Sabines Lieblingsbands.

Ken

Barbie

Nicole

Janis

Nicoles Rollschuhe sind noch ganz neu.

Janis hat die Rollschuhe von ihrem Bruder gemopst.

Hans Richter, Nicoles Opa

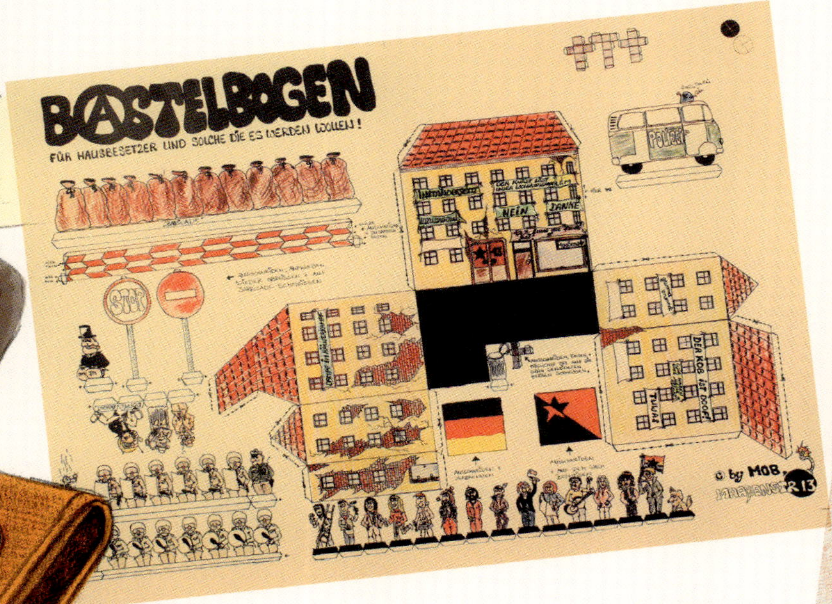

Am Wochenende bietet Onkel Thomas Stadtführungen an. Vielleicht will er sich etwas dazuverdienen.

Den Bastelbogen hat mir Onkel Thomas neulich geschenkt und Mama hat ihn mir direkt weggenommen. Ich wollte gerade die Schere holen und losbasteln.

Nintendo Spielekonsole

Gummitwist

23. Dezember

1989

Schon seit Tagen ist Mama ganz aufgeregt. Sie spricht von nichts anderem als dem ersten Treffen mit ihrer Freundin Susanne aus Ostberlin – am Brandenburger Tor. Ich finde das seltsam, dass sie sich nicht längst getroffen haben. Die Übergänge sind schon seit Wochen offen. Doch Mama und Susanne wollten unbedingt warten, bis das Brandenburger Tor geöffnet wird, um sich dort zu verabreden. Und das war gestern. Ausgerechnet da hat es geregnet. „Claudia", hat meine Mama gesagt, „Claudia, diese Mauer hat das Berlin meiner Kindheit zerstört und beinahe auch meine Freundschaft mit Susanne. Ich will heute dabei sein, wenn das Tor geöffnet wird, und meine Freundin in die Arme schließen. Daran hindert mich das bisschen Regen nicht!" Und obwohl die Öffnung erst am Nachmittag war, sind wir schon am Vormittag losgezogen. Mama hat sogar die Apotheke geschlossen, damit alle hingehen können. „Total bescheuert!", hab ich gedacht. Aber wir waren nicht die Ersten, sondern haben stundenlang zwischen zehntausend Menschen gewartet. Zwischen dem Meer aus Regenschirmen hab ich gesehen, wie das erste Teil der Mauer hochgezogen wurde. Mama hat dabei ein bisschen geweint und ich habe ihre Hand genommen. Als der offizielle Teil vorüber war und alle Politiker gesprochen hatten, war dann kein Halten mehr und von allen Seiten sind die Menschen durch das Tor gestürmt. Da war ich aber froh, dass wir uns auf der Westberliner Seite mit Susanne verabredet hatten. Denn es ging ganz schön chaotisch zu, als sich

die Menschen durch das Brandenburger Tor drängten und über die Reste der Mauer kletterten. Einige feuerten sogar Silvesterraketen ab und im Hintergrund hörte man das ständige Hämmern der Mauerspechte. Mann, war das aufregend. Ich hab jetzt noch Gänsehaut! Papa hat gesagt: „Das wirst du sicher mal deinen Kindern und Enkeln erzählen, Claudi. Heute wird in Berlin Geschichte geschrieben!"
Und dann stand Susanne mit ihrer Familie vor uns. Da kannte das Drücken, Lachen und Weinen kein Ende mehr. Anschließend sind wir mit zu Susannes Wohnung in Ostberlin gegangen. Bei ihr sieht es ganz anders aus als bei uns. Mamas Freundin hat auch eine Tochter, Stefanie, die ist genauso alt wie ich. Ich glaube, die ist ganz nett.

Claudia Nowak
13 Jahre

Wiedervereinigung

1989 Am 9. November 1989 kam es zu einem Ereignis, mit dem die Menschen weder in Ost noch West gerechnet hätten: Von einem Tag auf den anderen waren die Grenzen offen. Das schien noch ein halbes Jahr zuvor ausgeschlossen. Die DDR tolerierte keine Kritik. Meinungs-, Reise- und Demonstrationsfreiheit gab es für die Bürger und Bürgerinnen in der DDR nicht. Die Menschen wurden vom Staat bespitzelt und bespitzelten sich gegenseitig. Auch wirtschaftlich ging es der DDR immer schlechter, der Staat war gezwungen, Kredite im Westen aufzunehmen. Die Planwirtschaft konnte die Versorgung der Bürgerinnen und Bürger nicht sicherstellen. Nahrung und Wohnen waren zwar günstig, denn der Staat bezahlte einen Großteil der Kosten. Aber viele Dinge waren Mangelware.

In anderen Staaten des Ostblocks wie Ungarn oder Polen war man da schon weiter. Mit Michail Gorbatschow, der die wirtschaftlichen und gesellschaftlichen Probleme in der Sowjetunion erkannte, gab es in den Nachbarländern weitreichende Reformen. Sie führten dazu, dass bereits im Sommer 1989 die Grenzen zwischen Österreich und Ungarn geöffnet wurden. Auf diesem Weg konnten Bürger und Bürgerinnen der DDR in den Westen gelangen, denn nach Ungarn – einem sozialistischen „Bruderland" – durften sie reisen. Damit hatte die Grenze des Ostblocks zum Westen, der sogenannte Eiserne Vorhang, ein Loch bekommen. Von dieser Möglichkeit, das Land zu verlassen, machten zahlreiche Menschen aus der DDR Gebrauch.

Trotzdem wuchs der Widerstand. Die Menschen gingen auf die Straße und demonstrierten für ihre Freiheit – in manchen Städten wie Leipzig jeden Montag. Und jede Woche machten mehr Menschen mit. Die Verkündung der Reisefreiheit sollte die Demonstrationen beenden. Doch die Ereignisse überschlugen sich und noch am Abend des 9. November stürmten Tausende die Grenzübergänge in Berlin. Damit war die Trennung von Ost- und Westdeutschland aufgehoben. Zwar existierte die DDR noch für fast ein weiteres Jahr, doch durch die wiedergewonnene Freiheit und die Möglichkeit der Menschen, das Land jederzeit zu verlassen, musste sich auch das politische System Ostdeutschlands ändern. Es dauerte noch ein knappes Jahr, bis Ost- und Westdeutschland nicht nur wirtschaftlich, sondern auch als Staat wiedervereinigt waren. Auch die vier Siegermächte des Zweiten Weltkriegs waren an der Entscheidung beteiligt. Am 3. Oktober 1990, dem Tag der Deutschen Einheit, war es schließlich so weit: Aus zwei deutschen Staaten wurde einer und Berlin wurde die neue, alte Hauptstadt.

Monikas Bruder Thomas hat sich extra neues Werkzeug gekauft, um die Mauer kaputtzuschlagen.

Die Senatsverwaltung für Gesundheit und Soziales informiert

BERLI

Begrüßungsgel

Öffnungszeiten der Zahlstellen:

Senatsverwaltungen, Gerichte, Finanzämter

Freitag von 8 bis 14 Uh
Sonnabend von 8 bis 14 U
Sonntag von 9 bis 14 U

bei Bedarf länger geöffnet

Bezirksämter und Schulen

Freitag von 8 bis 15
Sonnabend von 8 bis 14

Postämter

Freitag und Sonnabend von 8 bis 1
Sonntag von 9 bis 1

Alle Adressen auf Seite

Mit der Währungsunion am 1. Juli 1990 wurde die Mark der DDR (M) von der Deutschen Mark (DM) als gesetzliches Zahlungsmittel in der DDR abgelöst.

le DDR-Bürger
onnten ihr
argeld und ihre
pareinlagen
D-Mark
ntauschen.

Michail Gorbatschow (1931–2022): Der Präsident der Sowjetunion führte grundlegende Reformen durch, die mit den Begriffen *Glasnost* („Offenheit") und *Perestroika* („Umgestaltung") verbunden sind.

Erich Honecker (1912–1994): Der Chef der Sozialistischen Einheitspartei Deutschlands (SED) lehnte jede Annäherung an die Bundesrepublik ab. „Die Mauer wird in 50 und auch noch in 100 Jahren bestehen, wenn die dazu vorhandenen Gründe noch nicht beseitigt sind." (9.1.1989)

Walter Momper (*1945): Der Regierende Bürgermeister von Westberlin beendete seine Rede zur Öffnung des Brandenburger Tors mit den Worten: „Berlin, nun freue dich!" (22.12.1989)

Helmut Kohl (1930–2017): Er hatte mit seinem Zehn-Punkte-Programm entscheidenden Anteil an der Wiedervereinigung und war nach deren Umsetzung der erste Bundeskanzler Gesamtdeutschlands.

Laura Schulze
7 Jahre

3. Oktober
2002

Ich bin so aufgeregt! Gestern bin ich zusammen mit Mama und Papa mit dem Zug von Dresden nach Berlin zu Opa Hans und Oma Ingeborg gefahren. Heute ist der Tag der Deutschen Einheit und zur Feier des Tages soll am Abend das Brandenburger Tor enthüllt werden. Ich glaube, ich habe es noch nie ohne Baustellenplanen gesehen, denn die letzten beiden Jahre wurde es heil gemacht. An die Zeit davor kann ich mich nicht mehr erinnern, weil ich noch zu klein war. Mama und Papa freuen sich auch schon, denn das soll ein richtiges Spektakel werden. Sogar der ehemalige amerikanische Präsident Bill Clinton ist dafür nach Berlin gekommen. Und die schwedische Kronprinzessin Victoria ist auch eingeladen! Sie macht gerade ein Praktikum in Berlin.

Es gibt auch noch etwas anderes zu feiern, denn morgen Abend eröffnet Opa – eigentlich ist er sogar mein Uropa – Hans seine Fotoausstellung und ich darf beim Aussuchen und Aufhängen der Bilder helfen. Damit haben wir gestern Abend schon angefangen, denn es sind ganz schön viele Bilder, die wir betrachten wollen, und es geht furchtbar langsam voran, weil die Erwachsenen bei jedem Bild ins Erzählen geraten. Nicht nur über die Bilder selbst, sondern auch über die Wiedervereinigung mit all ihren Vor- und Nachteilen und die neue Währung, den Euro, den es seit diesem Jahr gibt. Vor allem Opa Hans konnte gar nicht mit dem Erzählen aufhören.
Seit er Rentner ist, also seit kurz nach der Wiedervereinigung, widmet er sich ganz seinem Hobby, der Fotografie. Er fotografiert nicht nur, sondern er entwickelt die Filme auch selbst, macht Abzüge und rahmt die Fotos. Richtig professionell! Sein liebstes Motiv ist Berlin. Dort war die letzten Jahre enorm was los. Zugegeben, die vielen Baustellenbilder fand ich ein bisschen langweilig, aber die Bilder der Mauer sind echt cool. Kaum vorstellbar, dass das mal eine richtige Grenze war. Heute sieht man nur noch ein paar Reste davon – die meisten an der East Side Gallery, wo sie von Künstlern aus aller Welt bemalt wurden. Als mir Opa die Bilder gezeigt hat, die er von der Loveparade geschossen hat, musste ich kichern, weil die Leute darauf so lustige Klamotten tragen, und manche waren sogar fast nackig.

APO-Theken-Café

18. Juni

2021

Heute ist ein besonderer Tag für Mami und mich. Wir eröffnen nämlich ihr neues Café. Davon träumt sie schon eine Ewigkeit! Als Uropa Hans gestorben ist und ihr die alte Apotheke vererbt hat, hat sie beschlossen, es zu wagen. Seit letzter Woche hängt das neue Schild „APO-Theken-Café“ am Eingang. Mir ist sofort aufgefallen, dass da jemand einen Fehler gemacht hat. „APO-Theke, so schreibt man das gar nicht“, hab ich aufgeregt zu Mami gesagt. Sie hat nur gelacht und meinte, das sei kein Fehler. Das ist nämlich so: Apotheke natürlich, weil das Café mal eine Apotheke war. Das sieht man auch ganz deutlich an der Einrichtung, denn die Theke und die Regale sind noch da. Die Trennung nach APO soll an die bewegte Zeit unseres Viertels erinnern, als die Studenten Häuser besetzt haben und für eine bessere Zukunft demonstrierten. Über den Namen des Cafés hat sich besonders Onkel Thomas gefreut. Er hat das selbst erlebt und erzählt noch heute gerne von seinen „wilden Zeiten“. Er hat Mami beim Einrichten geholfen und ihr sogar sein geliebtes altes Sofa geschenkt, das schon seit einer Ewigkeit unserer Familie gehört. Als Onkel Thomas bei seinen Eltern ausgezogen ist, hat er es mit in seine WG im besetzten Haus genommen und genau wie das Haus selbst repariert. Aber das ist furchtbar lange her, denn Onkel Thomas ist immerhin schon 63 Jahre alt. Ich habe auch fleißig geholfen. Nach der Schule und den ganzen Tag, wenn Quarantäne war. Rausgehen durfte ich dann nämlich nicht, aber zwei Treppen runter und in die Apotheke zum Helfen war erlaubt. Mami hat sich riesig gefreut. Also nicht darüber, dass wieder Quarantäne war, sondern dass ich so tüchtig war. „Ben, jetzt haben wir bald ein richtiges Familiencafé“, hat sie zu mir gesagt. Und heute ist es so weit! Fast die ganze Familie und viele aus unserem Haus sind gekommen, um die Eröffnung zu feiern. Und noch eine junge Frau aus Amerika, Hannah Mayer. Die stand plötzlich im Café. Sie ist nach Berlin gekommen, um zu sehen, wo ihre Urgroßeltern einmal gelebt haben. Und stellt euch vor: Sie haben bei uns im Haus gewohnt! Natürlich sind alle geimpft oder getestet! Das steht auch am Eingang. Das muss ja sein, weil dieses Corona noch nicht weg ist. Unsere Familie ist so groß, dass alle Plätze besetzt sind. Sogar Uroma Ingeborg ist da. Sie meinte ganz begeistert: „Das hätte Hans gefallen. Er hat immer gesagt: Kuchen ist auch Medizin – Medizin für die Seele.“ Das finde ich auch! Ich werde mir gleich mal ein großes Stück bei Mami an der Theke holen.

Ben Nowak
10 Jahre

Worterklärungen

AIZ: Arbeiter-Illustrierte-Zeitung. Die sozialistische Zeitschrift erschien ab 1933 im Prager Exil.

antifaschistisch: eine politische Position, die sich gegen den Faschismus, eine rechtsextreme, undemokratische und häufig auch rassistische Gesellschaftsform, richtet.

APO: Abkürzung für „Außerparlamentarische Opposition". So nannte sich die Studentenbewegung, die ab Mitte der 1960er-Jahre gegen die Politik der großen Koalition aus SPD und CDU protestierte.

arisch: Dieser Begriff bezeichnet in der nationalsozialistischen Rassentheorie die Zugehörigkeit zu einer angeblich „überlegenen Rasse", die alle anderen „Rassen" beherrschen sollte. Zu diesem Zweck sollten nicht nur „minderwertige Rassen" ausgelöscht, sondern auch die Geburtenrate „arischer" Frauen erhöht werden. Das Idealbild (dem weder Hitler noch Himmler entsprachen) waren große blonde und blauäugige Menschen.

Auschwitz: Der Name der kleinen Stadt im heutigen Polen ist untrennbar mit dem dortigen Konzentrations- und Vernichtungslager verbunden. Nach der Errichtung des Lagers 1940 bis zu seiner Befreiung 1945 wurden mindestens 1 300 000 Menschen nach Auschwitz deportiert, darunter zahlreiche polnische und russische Gefangene. Etwa 900 000 Menschen wurden direkt in den Gaskammern ermordet oder erschossen. Etwa 200 000 weitere Häftlinge starben an Hunger und Krankheiten. Auschwitz war der zentrale Ort für den Massenmord an den europäischen Juden.

AVUS (Automobil-Verkehrs- und Übungsstraße): Die erste reine Autostraße der Welt ist heute Teil der Berliner Stadtautobahn. Von ihrer Eröffnung bis zum Jahr 1940 diente sie ausschließlich als Renn- und Teststrecke für Autos und Motorräder. Das letzte Rennen fand 1998 statt.

Berlinale: Die ersten „Internationalen Filmfestspiele Berlin" wurden bereits sechs Jahre nach Ende des Zweiten Weltkriegs im noch stark zerstörten Berlin veranstaltet. Sie sollten an die Berliner Vergangenheit als Filmstadt anknüpfen und die Stadt als „Schaufenster der freien Welt" präsentieren. Das Berliner Filmfestival findet bis heute jedes Jahr statt.

Berlinblockade: Die Sperrung aller Zufahrtswege nach Westberlin dauerte vom 24. Juni 1948 bis zum 12. Mai 1949. Einzig durch die Luft war die Stadt zu erreichen.

Blitzkrieg: Eine Angriffsstrategie im Krieg. Durch besonders schnelles Vorrücken soll der Gegner überrumpelt werden. Zu Beginn des Zweiten Weltkriegs eroberte die deutsche Wehrmacht mithilfe der Blitzkrieg-Strategie mehrere Länder.

Bundesrepublik: Bundesrepublik Deutschland

DDR: Deutsche Demokratische Republik

Diktatur: Herrschaftssystem, bei dem die gesamte Macht eines Staates ohne demokratische Kontrolle bei einem Einzelnen oder einer Gruppe liegt

East Side Gallery: Der längste noch erhaltene Teil der Berliner Mauer ist zugleich die längste Open-Air-Galerie der Welt mit über 100 auf die Mauer gemalten Bildern, darunter der berühmte Bruderkuss von Erich Honecker und Leonid Breschnew.

Entente: Der französische Begriff bedeutet übersetzt „gegenseitiges Abkommen". Er bezeichnet ein Bündnis zwischen mehreren Ländern. So hatten sich z. B. im Ersten Weltkrieg England, Frankreich und Russland zur Entente zusammengeschlossen.

Establishment: Die einflussreiche Oberschicht, die gesellschaftliche Entscheidungen auf oft undemokratische Weise dominiert. Der Begriff hatte in den 1960er-Jahren eine besonders abwertende Bedeutung.

FDJ: Abkürzung für Freie Deutsche Jugend, die staatlich organisierte Jugendbewegung in der > DDR

Flak: Abkürzung für Flugabwehrkanone. Sie dient dazu, feindliche Flugzeuge abzuschießen. Ab 1943 wurden klassenweise Schüler der Oberstufe als Luftwaffenhelfer an der Flak eingesetzt.

Führerwetter: Umgangssprachlich nannte man schönes Wetter mit Sonne und blauem Himmel seit der Kaiserzeit „Kaiserwetter". Während des Dritten Reichs wurde daraus das „Führerwetter".

Gesindebuch: enthält die Arbeitszeugnisse und Nachweise zur Beschäftigung eines Dienstmädchens oder eines Bediensteten

Gleichschaltung: Maßnahmen, mit denen während der NS-Zeit Institutionen und Organisationen dem Regime unterstellt wurden

Goldene Zwanziger: Die Zeit von 1924 bis 1929 – eine Zeit wirtschaftlichen Aufschwungs und kultureller Blüte, in der sich Deutschland im Zuge der Währungsreform von 1924 wirtschaftlich erholte. „Golden" war diese Zeit jedoch nur für wenige.

Hamsterfahrt: In der Nachkriegszeit fuhren vor allem die Frauen aus der Stadt ins ländliche Umland, um Hausrat oder Schmuck gegen Nahrungsmittel einzutauschen.

Hitler-Stalin-Pakt: Der deutsch-sowjetische Nichtangriffspakt sollte ein Bündnis zwischen England, Frankreich und der Sowjetunion verhindern. Er stand im Widerspruch zur anti-sowjetischen Haltung Hitlers und diente rein strategischen Zwecken: Der Pakt bereitete den Angriff auf Polen am 1. September 1939 vor. In einem geheimen Zusatzprotokoll wurde die Aufteilung Polens zwischen dem Deutschen Reich und der Sowjetunion beschlossen.

HJ: Die Hitlerjugend war ab 1936 die einzige erlaubte Jugendorganisation. Die Mitgliedschaft wurde später sogar Pflicht.

Inflation: Anhaltender Prozess der Geldentwertung, bemerkbar durch allgemeine deutliche Preiserhöhungen. Für die gleiche Geldsumme kann also immer weniger gekauft werden.

Iro: Irokesenschnitt, bei dem die Haare an der Seite abrasiert werden und nur ein schmaler Haarstreifen von der Stirn bis in den Nacken stehen bleibt. Dieser wird mithilfe von Haargel und -spray aufgestellt.

Kalter Krieg: Der Konflikt zwischen den politischen Systemen von West und Ost dauerte etwa von 1947 bis zum Untergang der Sowjetunion 1991. Als „kalt" wurde er bezeichnet, weil er aufgrund der Gefahr, zu einem Atomkrieg zu werden, nur in den Entwicklungsländern militärisch geführt wurde, ansonsten stand vor allem > Propaganda im Mittelpunkt der Auseinandersetzungen.

Kapitulation: Eine Kriegspartei erklärt sich damit als militärisch besiegt.

Kommunismus: Politische Bewegung und Lehre, die eine herrschaftsfreie, klassenlose Gesellschaft zum Ziel hat, in der die Gemeinschaft über die Produktionsmittel verfügt. Zwischen Theorie und Praxis bestand in den Staaten des Ostblocks, im „real existierenden Sozialismus" also, allerdings ein Unterschied.

Konzentrationslager: Lager, in denen Opfergruppen wie Juden, Sinti und Roma, Homosexuelle und politische Gegner des Regimes während der NS-Zeit unter grausamen Bedingungen arbeiten mussten. Viele starben an Gewalt, Unterversorgung oder Zwangsarbeit oder wurden direkt getötet. Insgesamt gab es in den Jahren zwischen 1933 und 1945 zwischen 2,5 und 3,5 Millionen KZ-Häftlinge.

Koreakrieg: Der militärische Konflikt von 1950 bis 1953 zwischen dem heutigen Nordkorea und China auf der einen Seite und dem heutigen Südkorea und den Vereinten Nationen auf der Gegenseite. Infolge des Koreakriegs kam es weltweit zum „Korea-Boom", der auch zum sogenannten > Wirtschaftswunder in Westdeutschland beitrug: Die weltweite Nachfrage nach Konsumgütern wie Waschmaschinen oder Fernsehgeräten „Made in Germany" stieg stark an.

Kriegsdienstverweigerer: Von 1956 bis 2011 mussten alle jungen Männer in der Bundesrepublik bei der Bundeswehr einen sogenannten Grundwehrdienst leisten. Dieser Kriegsdienst konnte verweigert werden, dazu musste man eine „Gewissensprüfung" bestehen. Viele entzogen sich dem durch einen Umzug nach Berlin – hier galt die Wehrpflicht nicht.

Kriegszitterer: Die schrecklichen Kriegserlebnisse führten bei vielen Soldaten zu heftigen Angstzuständen, die sich durch Zittern z. B. bei lauten Geräuschen oder in Stresssituationen zeigten.

Ku'damm: Der Kurfürstendamm im Berliner Bezirk Charlottenburg-Wilmersdorf wurde zu einer der berühmtesten Einkaufsstraßen der Welt und wird bis heute gern von Touristen besucht.

Lehrter Bahnhof: Der Lehrter Bahnhof wurde im Zweiten Weltkrieg stark zerstört und seine letzten Überreste im Jahr 2002 abgerissen. Er befand sich dort, wo heute der Berliner Hauptbahnhof zu finden ist.

Loveparade: Sie fand von 1989 bis 2003 jährlich in Berlin statt. Aus einem kleinen angemeldeten Demonstrationszug mit Musikwagen wurde in den 1990er-Jahren eine riesige Technoparty. In der Hochzeit der Loveparade nahmen mehrere Hunderttausend Menschen daran teil.

Marshallplan: Nach dem Zweiten Weltkrieg gab es überall in Europa eine große Not. Dieses Hilfsprogramm der USA sah vor, durch Lebensmittel, Geld, Maschinen, Kredite usw. Europa wieder aufzubauen. Das geschah nicht nur aus humanitären Gründen, sondern auch aus Angst, dass sich sonst der Kommunismus in Europa ausbreiten könnte. Der Plan ist nach dem damaligen amerikani-

schen Außenminister George Marshall benannt. Die Hilfen flossen ausschließlich nach Westeuropa, da die Sowjetunion eine Beteiligung ablehnte.

Meyers Hof: eine „Mietskaserne" im ehemaligen Berliner Bezirk Wedding, in der Arbeiterfamilien auf engstem Raum lebten und vielfach auch arbeiteten

Monarchie: Das Wort kommt aus dem Griechischen und bedeutet Alleinherrschaft. Meist ist dieser Herrscher, der Monarch, ein König oder eine Königin.

Norddeutscher Bund: Er war der erste deutsche Bundesstaat und vereinte alle deutschen Staaten nördlich der Mainlinie. Gilt als Zwischenstufe zur Gründung des Deutschen Reichs 1871.

Notverordnung: Genauer: „Verordnung des Reichspräsidenten zum Schutz von Volk und Staat". Sie setzte im nationalsozialistischen Deutschland 1933 die Grundgesetze und Menschenrechte außer Kraft.

Nationalsozialismus: die nationalistische und rassistische Bewegung und die darauf beruhende Diktatur in Deutschland von 1933 bis 1945

NSDAP: Abkürzung für Nationalsozialistische Deutsche Arbeiterpartei. Die NSDAP war eine Partei, die in der Weimarer Republik gegründet wurde. Mit Adolf Hitler als Vorsitzendem wurde sie 1933 Regierungspartei.

Ostblock: In der Zeit des Kalten Krieges Bezeichnung für die Sowjetunion und die von ihr dominierten, politisch eng verbundenen Nachbarstaaten. Der kommunistische Ostblock stand im Gegensatz zur kapitalistischen westlichen Welt.

parlamentarische Demokratie: Der Begriff „Demokratie" bedeutet „Herrschaft des Volkes". In einer parlamentarischen Demokratie entscheidet eine vom Volk gewählte Vertretung, das Parlament, über die Politik des Landes. In Deutschland ist das der Bundestag.

Planwirtschaft: ein Wirtschaftssystem, in dem alle Entscheidungen von einer zentralen politischen Stelle getroffen, geplant und verwaltet werden

Propaganda: Der Versuch, öffentliche und politische Meinungen zu manipulieren und in eine bestimmte, von den Machthabern erwünschte Richtung zu lenken. Von 1933 bis 1945 gab es in Deutschland ein eigenes Ministerium mit Joseph Goebbels als Minister „für Aufklärung und Propaganda".

Quarantäne: Eine zeitlich begrenzte Absonderung von Personen, bei denen der Verdacht auf eine hochansteckende, gefährliche Krankheit besteht. Sie musste bei einer möglichen Infektion mit dem Coronavirus SARS CoV-2 eingehalten werden, um andere Menschen vor einer Ansteckung mit der Krankheit zu schützen.

reaktionär: bezeichnet eine Einstellung, die einen alten, rückwärtsgewandten Zustand wiederherstellen möchte (z. B. „Frauen zurück an den Herd")

Reparationen: Sach-, Geld- und Arbeitsleistungen, die für die Zerstörungen infolge eines Krieges von den Besiegten an die Sieger zur Wiedergutmachung geleistet werden

Rote Armee: Die Rote Bauern- und Arbeiterarmee, kurz Rote Armee, war der Name für die Armee der Sowjetunion. Ab 1946 war der offizielle Name „Sowjetarmee".

SA: Abkürzung für Sturmabteilung. Ursprünglich war die SA eine Art Sicherheitsdienst für Parteiveranstaltungen, bevor sie eine dem Militär ähnliche Kampfgruppe der > NSDAP wurde. Sie war für ihr brutales Vorgehen gefürchtet.

Schabbat oder Sabbat: Der siebte Wochentag, an dem nicht gearbeitet werden soll, und der wichtigste Feiertag im Judentum. Er beginnt wie alle jüdischen Feiertage schon am Vorabend und dauert von Sonnenuntergang am Freitag bis zum Eintritt der Dunkelheit am Samstag.

Schlesien: Eine Region, die heute größtenteils in Polen liegt. Vor dem Zweiten Weltkrieg gehörte ein großer Teil Schlesiens zu Deutschland.

Schwarzmarkt: Hier werden knappe Waren illegal gehandelt.

sowjetische Invasion der Tschechoslowakei: Als Reaktion auf den „Prager Frühling" – politische Neuerungen und Lockerungen – marschierten Truppen aus den benachbarten Ländern unter Führung der Sowjetunion 1968 in die Tschechoslowakei ein (heute sind das zwei getrennte Staaten: Tschechien und die Slowakei). Bei Demonstrationen gegen die Besatzung wurden zahlreiche Menschen getötet. Das sorgte auch im Ausland für Aufsehen und Demonstrationen.

Sozialismus: Eine politische Weltanschauung, deren Ziel es ist, eine Gesellschaft zu schaffen, die auf den Werten Freiheit und Gleichheit beruht. Die Anhängerschaft spaltete sich in der Zeit nach dem Ersten Weltkrieg grob in zwei Lager: das Lager des Demokratischen Sozialismus (u.a. Sozialdemokratie) und das Lager des Staatssozialismus, der in der > Sowjetunion praktiziert wurde, wo alle Produktionsmittel wie z. B. Fabriken verstaatlicht wurden.

SO36: Der Veranstaltungsort und Musik-Club im Berliner Stadtteil Kreuzberg ist nach dem historischen Postzustellbezirk, in dem er liegt, „Berlin SO 36" benannt.

Sperrstunde: Uhrzeit, zu der Gaststätten schließen. Westberlin war dafür bekannt, dass es dort keine Schließzeit gab.

Springer-Presse: Die Axel-Springer-Verlagsgruppe war nach dem Attentat auf Rudi Dutschke 1968 der heftigen Kritik ausgesetzt, sie habe die Bürger mit ihren Zeitungen gegen den Studentenführer aufgehetzt und sei daher für das Attentat mitverantwortlich.

SS: Abkürzung für Schutzstaffel. Sie unterstand zunächst der > SA, bevor sie zu einer selbstständigen Organisation im Deutschen Reich wurde. Sie war ursprünglich eine Art Parteipolizei und als Leibgarde Adolf Hitler treu ergeben.

UdSSR: Abkürzung für die Union der Sozialistischen Sowjetrepubliken, kurz auch nur Sowjetunion genannt. Sie war von 1922 bis 1991 ein kommunistisch regierter Staat und das größte Land der Erde. Neben Russland, der Ukraine und Belarus umfasste sie zwölf weitere Staaten. Nach dem Zweiten Weltkrieg stieg die Sowjetunion zur zweiten Supermacht neben den USA auf.

UFA-Palast: Das Kino am Zoo wurde von der Filmgesellschaft Universum Film AG als Ort für große Filmpremieren genutzt. Es wurde teilweise zerstört und umgebaut, existiert unter dem Namen Zoo Palast aber noch heute.

Verfassung: Gesamtheit aller Regeln über die Staatsform, die Leitung des Staates sowie über die Bildung und Leitung der obersten Staatsorgane. Sie ist als Gesetz (in Deutschland das Grundgesetz) schriftlich niedergelegt. Besonders wichtig darin: die Grundrechte der Menschen.

Versailler Vertrag: Bezeichnung für den Friedensvertrag, der nach dem Ersten Weltkrieg geschlossen wurde und mit dem die Siegermächte für Deutschland harte Bedingungen festlegten. Er wurde am selben Ort unterzeichnet, wo 1871 der deutsche Kaiser bestätigt wurde: im Spiegelsaal von Schloss Versailles.

Vietnamkrieg: Im Vietnamkrieg (1954–1975) kämpfte Südvietnam gegen das kommunistische Nordvietnam. Südvietnam wurde dabei von den USA unterstützt, Nordvietnam von der Sowjetunion und von China.

Wehrmacht: Name der deutschen Streitkräfte in der Zeit von 1935 bis 1945

Weimarer Republik: der deutsche Staat in der Zeit zwischen 1919 und der Machtergreifung der NSDAP 1933

Weltwirtschaftskrise: Eine Krisensituation, die entsteht, wenn sich die wirtschaftlichen Schwierigkeiten eines Landes weltweit auch auf andere Länder auswirken: Geld wird entwertet, Firmen gehen bankrott, der Handel bricht zusammen, Aktien werden wertlos … Die Folge sind Arbeitslosigkeit und Geldnöte bei den Menschen.

Wirtschaftswunder: Der rasche wirtschaftliche Aufstieg Westdeutschlands in den 1950er-Jahren. Es gab kaum Arbeitslosigkeit, die Menschen verdienten gut und konnten sich viele Anschaffungen leisten.

Über das Stadtmuseum Berlin

Dieses Buch ist in Zusammenarbeit mit dem Stadtmuseum Berlin entstanden. Genau genommen gibt es nicht nur *ein* Museum, sondern gleich sechs: das Märkische Museum, das Museum Ephraim-Palais, das Museum Knoblauchhaus, das Museum Nikolaikirche, das Museumsdorf Düppel und BERLIN GLOBAL, die Berlin Ausstellung im Humboldt Forum. An jedem dieser Orte wird die Geschichte Berlins und ihrer Bewohnerinnen und Bewohner erzählt.

Wie ein Museum das macht? Im Prinzip so ähnlich wie wir in diesem Buch: Es werden viele verschiedene Dinge gezeigt, die großen und kleinen Besucherinnen und Besuchern das Leben der Menschen in Berlin von ganz früher bis heute nahebringen. Diese Dinge – Objekte nennen wir sie im Museum – werden durch die Art der Gestaltung miteinander in Verbindung gebracht. Das nennt man Inszenieren. Genau das tun Museen in ihren Ausstellungen. Eine solche Ausstellung zeigt dann z. B Spielzeug aus der Zeit deiner Großeltern oder Briefe, die sich die Menschen während der Teilung Berlins in Ost- und Westberlin geschrieben haben. Leute, die Ausstellungen machen – die Kuratorinnen und Kuratoren –, wählen Objekte aus, um die Geschichte der Stadt lebendig zu machen und spannende Geschichten über sie zu erzählen. Geschriebene Texte, Audioguides, Filme oder Stationen zum Mitmachen helfen dir, die Ausstellungen zu verstehen. Oder du nimmst mit deiner Familie an einer Führung oder mit deiner Schulklasse an den Museumsstunden teil und bekommst noch mehr Geschichten rund um Berlin erzählt und kannst Fragen stellen.

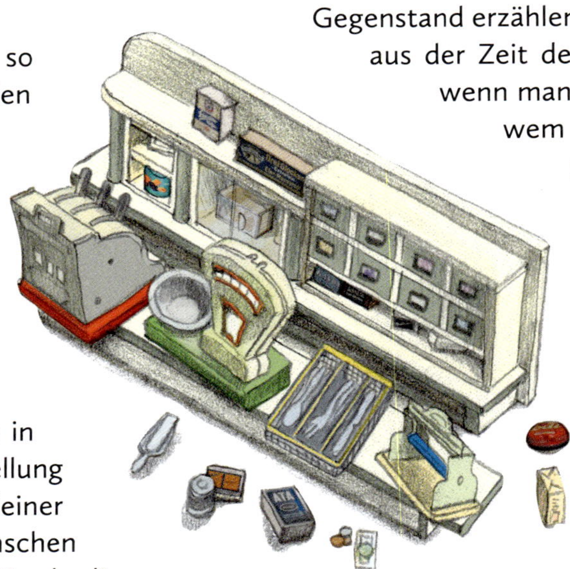

Wie all die Objekte ins Museum kommen? Sie wurden seit mehr als 100 Jahren gesammelt. Im Stadtmuseum Berlin sind es über 4,5 Millionen! Das sind Objekte wie Möbel, Schmuck, Fotografien, Instrumente, Spielzeuge, Dokumente, Kunstwerke, Alltagsgegenstände aller Art und vieles mehr. Das Sammeln ist eine wichtige Aufgabe im Museum und geht immer weiter. Den größten Teil einer Sammlung kannst du bei deinem Besuch gar nicht sehen. Im Museumsdepot lagert viel mehr, als in den Ausstellungen gezeigt werden kann. Im Hintergrund arbeiten Mitarbeiterinnen und Mitarbeiter daran, die teilweise sehr empfindlichen Objekte zu erhalten. Dazu ist es wichtig, sie gut und sicher aufzubewahren. Einige der Objekte kommen auch kaputt ins Museum. Dann sind sie möglicherweise ein Fall für die Restauratorinnen und Restauratoren. Die versuchen, das Objekt wiederherzustellen. Manchmal ist die Zerstörung aber auch wichtig für die Geschichte, die ein Gegenstand erzählen kann, wie z. B. bei einer kaputten Puppe aus der Zeit des Zweiten Weltkriegs. Das erfährt man, wenn man erforscht, woher die Puppe stammt und wem sie einmal gehört haben mag. Auch das passiert im Stadtmuseum Berlin.

Was das Stadtmuseum Berlin mit deinem Buch zu tun hat? Sehr viele der im Buch gezeigten Objekte wie Möbel, Puppen oder Musikinstrumente sind Teil der Museumssammlung. Sie werden hier in unserem „alten Haus in Berlin“ wieder in ihrer Funktion gezeigt (der Kochtopf in der Küche, der Einkaufsladen im Kinderzimmer) und mit kurzen Texten erklärt – ganz ähnlich wie in einer Ausstellung. Man könnte fast sagen, dass dieses Buch eine Art Ausstellung zwischen Buchdeckeln ist.

Wenn du noch mehr über deutsche Geschichte und die Geschichte Berlins wissen willst, geh doch mal auf diese Webseiten:

www.stadtmuseum.de
Auf Sammlung Online kannst du noch mehr Objekte aus dem Stadtmuseum Berlin entdecken.

www.dhm.de/lemo
Das Lebendige Museum Online bietet Einblicke in die deutsche Geschichte ab 1815.

www.stiftung-berliner-mauer.de/de
Die Stiftung hat viele Gespräche mit Zeitzeuginnen und Zeitzeugen zur Zeit der deutschen Teilung gesammelt.

www.jmberlin.de
Hier findest du viele Informationen über jüdische Geschichte und Gegenwart in Deutschland.

Kathrin Wolf

Isabel Kreitz

Die Autorin

Kathrin Wolf studierte Kunstgeschichte an der Philipps-Universität in Marburg, der Universität Hamburg und Museumsmanagement und -kommunikation an der Hochschule für Technik und Wirtschaft in Berlin. Schwerpunkt ihrer Tätigkeit für Museen und Kulturinstitutionen, darunter das Stadtmuseum Berlin, war das Geschichtenerzählen (Storytelling).

Die Illustratorin

Isabel Kreitz studierte Illustration an der Fachhochschule für Gestaltung in Hamburg und an der New Yorker Parsons School of Design, wo sie ihre Liebe zu Cartoons und Comics entdeckte. Die Künstlerin wurde für ihre Arbeiten mehrfach ausgezeichnet, u. a. mit dem Max-und-Moritz-Preis als beste deutschsprachige Comic-Künstlerin auf dem Comicsalon in Erlangen 2012 und 2019 mit dem Wilhelm-Busch-Preis.

Bildnachweis
S. 16 Extraausgabe des *Vorwärts!* Stadtmuseum Berlin
S. 16/17 Postkarten Stadtmuseum Berlin
S. 20 Gesinde-Dienstbuch Stadtmuseum Berlin
S. 21 Filmplakat *Metropolis* © Friedrich Murnau Stiftung, Plakatgestaltung Werner Graul
S. 24: Titelblatt AIZ *Durch Licht zur Nacht* © The Heartfield Community of Heirs/VG Bild-Kunst, Bonn 2026
S. 28 Filmplakat Leni Riefenstahl *Olympia – Fest der Völker* © Nachdruck Titelseite Filmprogramm-Heft Nr. 2792 (Jahrgang 1938) „Olympia – Fest der Völker" aus der Reihe „Illustrierter Film-Kurier" mit freundlicher Genehmigung von Verlag für Filmschriften, Christian Unucka, 85241 Hebertshausen, *www.unucka.de*
S. 29 Ausweis Olympische Jugend, Eintritts- und Fahrkarte Olympische Spiele Stadtmuseum Berlin
S. 32 Schild Luftschutzraum-Ordnung Stadtmuseum Berlin
s. 36 Übersichtskarte Berliner Besatzungszonen Stadtmuseum Berlin
S. 37 Lebensmittelkarte und Banknote „Bärenmark" Stadtmuseum Berlin
S. 40 Werbung Möbelwunder Politur Stadtmuseum Berlin
S. 41 Hörzu-Titelblatt mit freundlicher Genehmigung
S. 44 Zeitungsseite *Neues Deutschland* © Neues Deutschland
S. 45 Passierschein Stadtmuseum Berlin
S. 49 Titelseiten der BILD vom 2. Juni 1967 und vom 13. April 1968 Copyright © Axel Springer SE
S. 52 Cover von Ton Steine Scherben: *Keine Macht für Niemand* mit freundlicher Genehmigung von David Volksmund Produktion
Vor- und Nachsatz Stadtmuseum Berlin
Foto Kathrin Wolf © PicturePeople
Foto Isabel Kreitz © michaelbogumil.com

Textnachweis
S. 32 *Es geht alles vorüber*
Musik: Fred Raymond & Kurt Feltz
Text: Max Wallner
© 1942 by Edition Majestic Erwin Paesike
S. 20 *Hannelore*
Text: Willy Hagen 1928

Die Idee für dieses Buch geht auf das folgende Werk von Anna Desnitskaya und Alexandra Litwina zurück: „In einem alten Haus in Moskau", © 2017 Gerstenberg Verlag. Mit freundlicher Genehmigung des Verlages Samokat, Moskau

13. Auflage 2026

Mitherausgeber:
Stiftung Stadtmuseum Berlin
Paul Spies, Vorstand und Direktor
Poststraße 13–14
10178 Berlin
www.stadtmuseum.de
Projektleitung Stadtmuseum Berlin: Constanze Schröder
Text: Kathrin Wolf, Ober-Olm
Illustration: Isabel Kreitz, Hamburg
Kolorierung: Natascha Hess, Wootz
Layout und Satz: Jörn Götzke, Wootz

Druck: Livonia, Riga
Printed in Latvia
Gerstenberg Verlag GmbH & Co. KG, Rathausstraße 18–20, D-31134 Hildesheim
verlag@gerstenberg-verlag.de, www.gerstenberg-verlag.de
ISBN 978-3-8369-6088-5

MIX
Papier | Fördert gute Waldnutzung
FSC® C002795

Der Gerstenberg Verlag dankt Prof. Dr. Bernd Stöver, Universität Potsdam, für die fachliche Durchsicht und wertvolle Hinweise.

Revolutionstage in Berlin. Demonstration in der Straße Unter den Linden. An der Spitze ein Matrose mit roter Fahne